テーブルコーディネートから始まる

美しい暮らしの
インテリア365日

横瀬多美保

Contents

目次

4　　　Prologue はじめに

6　　　1LDK DÉCOR ～小さくて豊かな暮らし～

10　　1月 新年　白い花と個重スタイルのお正月迎え

20　　1月 小寒　プティコーディネートで楽しむリラックスタイム

28　　1月 大寒　屏風で見立てる"モダン床の間"

32　　2月 ヴァレンタイン　大切な人を想うデコレーションテーブルと贈り物

40　　2月 立春　折敷でおもてなし感を演出する鍋パーティ

48　　収納家具で小空間を生かす

54　　2月 雨水　室内に春を呼ぶ球根の花と根付きのラン

60　　3月 上巳　大人の桃の節句は、お雛さまが主役のテーブルで

66　　3月 啓蟄　思い出の品を額装してアートのように飾る

70　　3月 春分　室内でお花見を。私流、花盆栽の楽しみ

76　　4月 晴明　屋外でピクニック気分を味わうひととき

80　　4月 穀雨　コーディネートを楽しむためのカーテン選び

84　　4月 イースター　お気に入りのテーブルウェアで幸せな朝食を

90　　リノベーションで理想のキッチンに

94　　5月 端午　伝統を今様にアレンジするお節句テーブル

102　　5月 立夏　クッションウォールでベッドルームを衣替え

108　　5月 小満　"蓋"があるだけで、おもてなしのセッティングに

112　6月 芒種　紫陽花を主役に雨の日を楽しむ

122　6月 夏至　夏の花あしらいは一花、一葉で

126　7月 七夕　ブルー、川、星。七夕モチーフを重ねて遊ぶテーブル

130　お洒落なナプキンはテーブルの名脇役

136　7月 小暑　真夏はアジアンスタイルで涼やかに

146　7月 大暑　自然豊かな別荘での過ごし方

156　8月 立秋　旅気分へと誘うエキゾチックテーブル

162　8月 処暑　コーディネートの仕上げは美しいカトラリーで

166　9月 白露　テーブル2台で心を伝える初秋のティータイム

174　コーディネートは、まずテーブルクロスから

180　9月 秋分　重箱が主役の和モダンコーディネート

184　10月 寒露　美しくさっと片づく、蓋を使った収納術

188　10月 ハロウィン　色で表現する大人のハロウィンテーブル

196　11月 立冬　幸せな週末のブレックファストテーブル

200　11月 小雪　トレー＆マットで卓上を整える

206　12月 クリスマス　旅の思い出をよみがえらせるクリスマス支度

216　テーブルコーディネーターの舞台裏

218　Shop & Brand data

222　Epilogue あとがき

Prologue　はじめに

　とにかく食器が好き……それがテーブルコーディネーターとしての私の仕事の原点です。そのきっかけは、ある日突然母が横浜の元町で買ってきた「ヘレンド」のティーセットに始まります。洗練されたエレガントなティーセットが生活に加わったことで、当時中学2年生だった私は「食器はこんなにも人を幸せな気持ちにさせてくれるんだ」と強く感じました。それが、私と食器との出会いです。

　自分で初めて食器を買ったのは22歳のとき。それは、今でも我が家で活躍している「ロイヤル コペンハーゲン」のティーポットで、使うたびに楽しい気分になれて、ますます食器が持つ魅力に惹かれていきました。そして、その頃の私に衝撃を与えたのが、1981年に刊行された一冊『テーブル　コーディネーション　食卓を楽しむ』(文化出版局刊)。本の中には、日本におけるテーブルコーディネートの第一人者、故クニエダヤスエさんが作った美しい食卓が広がっていました。食器を使って、こういった世界を創造できるのだということに感動を覚えるのと同時に「私も大好きな食器たちを素敵にコーディネートしたい！」と思った途端、気がついたらクニエダさんの門を叩いていたのです。そして、アシスタントとしてこの道の第一歩を踏み出しました。あれから早34年。今ではテーブルコーディネートを主軸に少し範囲を広げて、インテリア空間のコーディネートやスタイリングも手掛けています。

　テーブルの上は限られた世界ですが、テーブルクロス、陶磁器、ガラス器、銀器、カトラリー、お花やキャンドル、小物など、多くの要素に溢れています。テーブルを構成する"その子たち"が集まって力を合わせ、ときに華やかに、ときに静謐にと、幸せな空間を作り出してくれます。そういったテーブルコーディネートの楽しさを多くの方に提案したいと仕事をしていますが、「才能がないから素敵にできない」とか、「うちにはテーブルを飾る高価な食

器がない」という声を聞くこともあります。そんなときにお伝えするのは、一番大切なのは自分自身も含めて、お客さまに楽しんでいただこうという気持ちなのだということです。そして私は、コーディネートに特別に高価なものは必要ないとも考えています。例えば、もったいながりの私は、さまざまな"もの"を長く使い続けています。祖母から譲り受けたお茶道具、母から受け継いだティーセットやカトラリー。そういった記憶や思いを纏った大切な"もの"は、しまい込まずに日常的に使うことでより愛着が増します。そして、それらが食卓や空間に個性や味わいを添え、その人らしい唯一無二のコーディネートを作る要素となります。

　この本は、『家庭画報.com』で1年間にわたってウェブ連載された記事をまとめたものです。毎週季節ごとのテーマに沿って、私なりに心を込めてコーディネート、スタイリングをした集大成です。しかし、それもほんの一例にすぎません。コーディネートとスタイリングの組み合わせは無限大です。皆さんもぜひご自分なりのテーマを見つけて、食卓やインテリア空間づくりを楽しんでみてください。この本が少しでもそのヒントになれば幸いです。

1LDK DÉCOR〜小さくて豊かな暮らし〜

　私が暮らしているマンションは、東京都内の大使館や教会が点在する静かな住宅街に位置しています。間取りは1LDK＋DEN（書斎や、趣味を楽しむための部屋）。自分が本当に好きなものは何か、必要なものは何かを丁寧に考えて少しずつ作り上げた空間です。私にとってこの家は、最高に居心地のよい場所。帰宅すると気持ちがほっと和らぎ、過ごしているだけで心が満ち足りていきます。決して広くありませんから掃除などの維持管理もしやすく、そのぶん日々の暮らしの中のデコレーションを楽しむ時間と心の余裕が生まれるように感じています。

　我が家のDÉCORの中心であるテーブルコーディネートの基本の組み立て方、そして"自分らしさ"という個性を出すために決めた、私なりのコーディネートやスタイリングのルールをご紹介します。

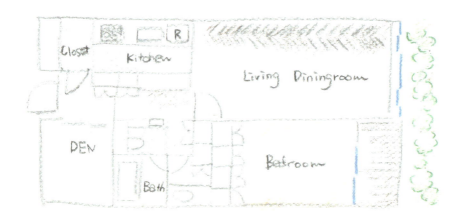

テーブルコーディネートの組み立て方

① テーマを決める

誕生日、季節のイベント、特別なお祝いなど、その日のコーディネートで伝えたいこと、感じ取ってほしいことのテーマを定めます。

② 使うアイテムを決める

テーマに沿うよう、テーブルクロスや器を選びます。そして、選んだ品々に合うお花などの飾りものや、インテリア小物を考えます。ときには小物を手作りするのも楽しいと思います。

③ スタイリングする

アイテムが生き生きとして見え、自分も楽しい気持ちになるように②で選んだアイテムを食卓に並べてスタイリングしてゆきます。

“自分らしさ”を作るための横瀬流ルール

■ミックススタイルのコーディネート

和と洋、新しいものと古いもの。異なった要素をミックスさせることで、落ち着いた空間を作ります。

■家族の記憶をインテリアにちりばめる

形見の品や、思い出のアイテムをさりげなくアレンジしたり、「家族の絆」をインテリアとして表現したりします。

■季節感を大切にする

四季折々の季節感を表現することを大切にしています。

　そして、『elegance（気品）』『comfort（居心地のよさ）』『individuality（個性）』『relaxation（くつろぎ）』をバランスよくかなえることで、美しい暮らしを表現できればと思っています。

テーブルコーディネートから始まる
美しい暮らしのインテリア365日

1LDK DÉCOR の実践

New Year ——1月 新年——
白い花と個重スタイルのお正月迎え

New Year

　今年も残すところあと少しとなった頃。大掃除が終わったら、新しい年を迎えるためにお正月の支度を始めます。まずは、ダイニングテーブルや棚の一角に飾る正月花。花材は、親しい友人夫妻を自宅にお招きする初春のテーブルセッティングに合わせて白い胡蝶蘭とカトレアを選びました。白はあらたまった色でもあり、清らかな美しさがある色。晴れやかな気持ちで迎える一年のスタートにぴったりです。洋花特有の華やかな表情を生かしつつ、松や青竹と組み合わせて、新年らしいきっぱりとした潔さを演出します。

　テーブルセッティングは、フォーマル感があるシャンパンホワイトのテーブルクロスを使うのが恒例です。私にとって"白いクロス"というのは、子どもの頃の記憶と繋がっている清々しいお正月の食卓の象徴。毎年訪れていた祖父母の家では、お正月になるといつも応接間にある大きな漆塗りの座卓の上に、ぴしっとプレスされた白いレースのクロスが掛けられていました。その上に蒔絵のお重や、祖母が作った太巻きやビーフカツといったご馳走が並んでいて、普段と違うセッティングに子どもながらあらたまった雰囲気を感じていました。白いクロスによって、いつもの食卓に特別感が生まれるのです。さらに、お正月気分を盛り上げるのに欠かせないのがお重。大きな重箱は、詰めるのにテクニックが必要ですが、銘々で使うサイズの小さなお重の「個重」なら、簡単に見栄えよく盛りつけることができて便利です。シャンパンに合うお料理を用意して、家族や友人たちと乾杯しながら新年を寿ぎます。

新年の準備は、正月花から始める。収納棚から食器類を出して、どんなセッティングをするか考えるのも楽しいひととき。

青竹と光で演出する棚の花あしらい

収納棚の高さに合わせて切った3本の青竹をワイヤーで束ねガラスベースに立てて、胡蝶蘭の枝を挟み込むように2枝挿した。青竹の清新さと胡蝶蘭の優美さが相まって、晴れやかな正月花が完成。照明の光に照らされて花の姿が美しく映える。

New Year

ダイニングテーブルには横長のアレンジを

テーブルランナーのように食卓の中央を横長に広がるよう生けた松と大輪のカトレア、胡蝶蘭。銀彩柄のガラス製花器は石のようにも見え、雄大な巌松の風景を思わせる。力強い個性を持つ花材を上手く取り合わせた広がりのあるアレンジをテーブルの主役に。

ふと現われる一輪に、サプライズが生まれる

おもてなし当日には、丸テーブルに用意したデザートコーナーにもひと工夫。中心に据えた錫蒔地の漆の盛器に椿の葉を敷き詰め、干し柿のデザートを盛った。京都の漆芸家・土井宏友さんが手掛けたこの盛器は、高台部分にも底があり、実はお皿部分と高台が別々になるデザイン。高台の中に白椿を忍ばせ、取り分ける際に一輪の椿が姿を現す演出を楽しむ。

ガラス作家の河上恭一郎さんのスタッキングできる
四角いガラス器に合わせて、土井宏友さんに依頼し、
錫蒔地の漆の蓋をオーダーした小さな個重。

見通しよく輝きのある一年への願いを込めて、銀器やガラス素材を使用。箸置きも、鯛やレンコンといっためでた尽くしのモチーフを。お正月を寿ぐ気持ちがぎゅっと詰まったセッティング。

New Year

白の世界に銀器で光を加えて晴れやかに

黒豆寒天が入った器をのせたトレーやデザートスプーンをはじめ、フルートグラス、ミニトレーなどの銀器は、長年かけて少しずつ集めた「クリストフル」製。端正な輝きで、テーブルがパッと晴れやかになる。リキュールグラスは「マイセングラス」のもの。

手軽に盛りつけてスマートに使える個重

和食器の中でも高さと存在感があるお重は、テーブルコーディネートの主役になるアイテム。ぎっしりと端正に料理が入った状態こそが美しい大きな重箱に比べて、個重はぐっと扱いが楽で、現代の暮らしに合った軽やかさがある。写真右は、デザートを入れた「中川木工芸 比良工房」の檜の三段重。中の個重は、元々は白磁だったが、ポーセリンデザイナーの勝間田理恵さんに山帰来の絵付けを施してもらった。ぴったり収まるので、重ねて使うことも多い。

Shokan —1月 小寒—

プティコーディネートで楽しむ
リラックスタイム

いつもリラックスタイムに楽しんでいるのがプティコーディネート。手軽で小さなコーディネートであっても、自分が好きなもので場を整えると、不思議と豊かな気持ちになれます。

プティコーディネートは、アイテムを組み合わせてさまざまな世界観を表現する練習にぴったりです。暮らしの中でコーディネートを楽しんでみたいと思ったら、まずはサブテーブルやトレーなどの小さな枠を決めて、好みのグラスやカップ＆ソーサーと小さな花あしらいから始めてみてください。色合わせやアイテムの組み合わせ方などを色々と試し、頭の中で思い描いたものを実際に表現してみることで、発見や反省点があったりアイディアが浮かんだりするはずです。"美"を意識しながら場を整える練習を重ねてゆくうちに、自分は何に惹かれるのか、どんな世界観が今の暮らしにしっくりくるのかということなどが見えてきます。

最近私が気に入っているのは、お酒を楽しむためのプティコーディネートです。数年前、パリの友人のアパルトマンに夕食前に呼んでもらったことがありました。アペリティフとしてシャンパンを頂いた後、ほろ酔い気分で一緒にレストランへと繰り出したのですが、招く側も招かれる側も無理や気兼ねがない、そんな自然体のおもてなしって素敵だなと思いました。それ以来、忙しくて料理までは用意できないというときにも「1杯だけ家で飲みませんか」とお客さまをお招きするようになりました。そういった気心の知れた人と過ごすカジュアルなシーンや、一人でホッと一息つくティータイムが、ちょっとしたことでリュクスなひとときになる。そんな瞬間に、私はコーディネートというものが宿している力を感じます。

口径の大きなグラスを
クーラー代わりに

少人数でお酒を楽しむときには、口径の大きなグラスに氷を入れてミニクーラーに。職人の手仕事による吹きガラスで作られた、大小4サイズが入れ子になるグラスは「チェリーテラス」のもの。ポーセリンデザイナーの勝間田理恵さんに銀彩で芭蕉の葉を描いていただいた。一番大きなグラスに氷を入れ、リキュールを注いだ最小のグラスをセットして。

楽しい気分を盛り上げる専用アイテム

ドーム型の蓋にチョウザメの持ち手がついたデザインのキャビア専用プレートは、「ベルナルド」製。"その食べ物のためだけ"に作られた食器は、フランスのテーブルウェアのこだわりと面白さを感じさせる。刃部分が水牛の角でできた「エルキューイ」のナイフもキャビア専用。ガラス花器にはパフィオを一輪。大きな仕事を終えた日や、ちょっとしたお祝いの日には、このプレートにキャビアをのせてシャンパンで乾杯。

素材感に目を向け、西洋と東洋のものを組み合わせる

ハンガリーの名窯「ヘレンド」のカップ＆ソーサーにフレーバーティーを淹れ、パーソナルソファでくつろぐティータイム。スペインの家具ブランド「バレンティ」のトレーテーブルが、このプティコーディネートの舞台。物をのせた状態で運べ、脚が折り畳めるトレーテーブルは手軽に移動できて銀の光で場が華やかになる。きらびやかになり過ぎないよう、アジア製の鈍い光沢の銀細工や籠といった素朴な素材感のアイテムを組み合わせ、西洋と東洋が調和したコロニアルスタイル風の世界を表現。

同じ輝き、同じ色をリフレイン

茶葉が花のように開く中国の康藝銘茶。その美しい様子が見える「iwaki」のガラスティーポットとグラスを使用。ガラスポットは他のアイテムの色柄を気にせず、合わせやすいことが長所の一つ。塗りのお盆の縁や、ペーパーナプキン、ポットの蓋、「クリストフル」の花器など、銀色の輝きを繰り返して。そして、「ノエル」で見つけた花の刺繍が施されたクロスや、ランの花色も同系色。色を意識するだけで格段にまとまりがよくなる。ポットと花器は左ページと同じだが、取り合わせを変えて異なる印象に。

用途から離れて自由な発想を楽しむ

本来の用途にとらわれない自由な発想に溢れたジャパニーズティーのコーディネート。お盆代わりにしているのはケーキプラター。「ジアン」のデミタスカップには抹茶、フランス「アビランド」のカップにはほうじ茶を注いだ。祖母の形見の棗にピスタチオを入れ、鉄瓶には花をあしらって。視点を変えることでお気に入りのものを生かしながら、遊び心溢れる自分だけの世界、自分だけの時間を過ごすマイ・カフェ・タイム。

美しい"もの"を通して美意識を鍛える

美しさに感動し、それをよく見澄ますことで美的センスは磨かれるもの。たとえ、カップ＆ソーサー1客であっても美しいと感じられるものを使ったり、美術館で本物の作品を味わったり、街中のショーウィンドーを眺めたり……。美しいものに触れることが、コーディネートする際の美意識へと繋がっている。写真のケーキプラターはフランスの歴史ある窯「ジアン」製。こういった優れたデザイナーたちによって作られたものから、色の組み合わせや配分などを学ぶことも。

金沢在住の作家・坂井直樹さんの鉄瓶に、ケーキプラターの縁に使われているのと同じオレンジ色のカトレアを1輪挿して。

$\mathcal{D}aikan$ —1月 大寒—
屏風で見立てる"モダン床の間"

29

洋のアイテムに和の要素を見いだす

洋のアイテムの中に和の要素を見いだして上手く取り入れるのが、和モダンコーディネートのポイント。ローボードの上のランプはイタリアの照明器具メーカー「アンナ・ラーリ」のもの。直線的で端正なデザインが行灯を思い起こさせる。灯籠形のキャンドルスタンドはスペインの「リヤドロ」製。ヨーロッパのブランドには、和の雰囲気に合わせやすい東洋をテーマにしたデザインのものが多くある。

　日本人にとって"和の趣がある空間"は、理屈抜きに心地よいもの。たとえ和室でなくても、日本的な室礼のエッセンスを住まいの空間に加えてみるだけで、いつもとは異なる落ち着きを感じます。夜が長い季節。私は簡易的な"モダン床の間"で、和を意識した室礼を楽しんでいます。

　和モダンのコーディネートは、リビングに置いたローボードをベースにします。家具は小物と違って手軽に替えるというわけにはいきません。ですから、購入する際には組み合わせるものをよく考えます。これは本来シアターボードなのですが、表面が漆を思わせるような仕上がりだったので、きっと和のテイストにも調和するだろうと考えて選びました。グロッシーな黒は、上に置くアイテム次第で、ぐっと日本的な雰囲気になります。そして欠かせないのが、日本人の知恵がつまった生活道具である屏風です。屏風は、視線を遮ったり空間を仕切ったりする実用的な目的だけでなく、和の雰囲気を演出するのにも効果的。さっと立てるだけで背景となり、ローボードの上を季節の室礼をする床の間のような場にすることができます。

　炭で作られた花器には利休草を挿し、蔓の先を屏風の上に掛けて流れるような繊細なラインを引き出しました。雲母の柄のきらめきに葉が影を落とすさまは、どこか儚げでしっとりとした風情が漂います。夜はあえて部屋全体の照明を少し落として、光と影が織りなす日本的な美しさを味わいます。

シックにまとまりやすいよう色味を抑えた屏風は、約10年前に「からかみ屋」でオーダーした。片面は草花、もう片面は瓢箪の柄。両面使えるように仕立てて、季節や行事に合わせて使い分けている。

Valentine ── 2月 ヴァレンタイン ──

大切な人を想う
デコレーションテーブルと
贈り物

私にとって、住まいをコーディネートするというのは"自分が居心地のよい空間を作る"ということです。季節や行事に沿ったコーディネートは、暮らしに心地よいリズムを刻み、日常生活の場に豊かさや心のゆとりをもたらします。全てを替えるのは大変ですが、部屋のワンコーナーをあしらうだけでも気分が変わります。リビングに置いた直径105cmの丸テーブルは、私の"遊びの場"。シーズンごとに色々なデコレーションを施しています。

ヴァレンタインデーが近づき、お菓子屋さんの店先や、百貨店の洋菓子売り場においしそうなチョコレートが並ぶ時期。心華やぐスイーツをデコレーションの主役にしてみました。おとぎ話のように甘やかなイメージの発想の源は、普段は戸棚の中に仕舞ってある母の形見の置物です。可愛らしくてロマンティックなものが好きだった母のコレクションの小さなポーセリンアートをお菓子とともに器の上に飾り、白いシンプルな食器に立体感と遊び心を加えて。思い出の品を今に生かしたことで、目にするたびに母を想い、柔らかな気持ちになれるデコレーションが完成しました。

ヴァレンタインデーに限りませんが、大切な方を想って贈り物を考えるのも心躍るひととき。お祝いやご挨拶などのさまざまなシーンで、さりげなく心を伝えてくれる気の利いたプティギフトと、オリジナルラッピングの方法もご紹介します。スタイリストとしてさまざまな"もの"と向き合ってきたからこそおすすめしたい品々です。

イギリス製のポーセリンアートは、海外に行くたびに小さな人形や置物を買ってきていた母のコレクションの一部。

お菓子をデコレーションアイテムとして使う

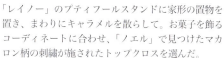

「レイノー」のプティフールスタンドに家形の置物を置き、まわりにキャラメルを散らして。お菓子を飾るコーディネートに合わせ、「ノエル」で見つけたマカロン柄の刺繍が施されたトップクロスを選んだ。

パリの雑貨店で見つけた小鳥モチーフのクリップをつけたプレートには、マカロンを立てて並べた。美しいスイーツは、ただそこにあるだけで心が華やぐもの。常温保存できるお菓子なら、ガラスのフードカバーを被せて飾りとしても楽しめる。ひと息入れるブレイクタイムには、可愛らしいデコレーションから一つつまんで味わって。

メルヘンな世界観を作る動物のモチーフ

動物モチーフはお菓子やメルヘンな雰囲気と相性がよく、気持ちを癒す。ポケットからキツネが顔を覗かせるクッションカバーや、ピックのカバーとして使った動物柄の刺繍が施されたテント型オブジェは、「H.P.DECO」で取り扱っているニューヨーク・ブルックリン発のインテリアプロダクトブランド「コーラル&タスク」のもの。

簡単でお洒落な
オリジナルラッピング

日頃から、ペーパーやリボン、クッション材などをストックしておき、贈り物をする際には一手間かけてラッピング。一番簡単なのは箱を使う方法。リボンや紐を結ぶだけでプレゼントになるので、きれいな箱を見つけると購入している。手土産の定番となっているワインやシャンパンのボトルは、100円ショップや文房具店のラッピング売り場などで扱っている不織布を使うと、余計なシワがよりにくくすっきり包める。同じ不織布でバラのコサージュを作って、ボトルネックに結びつければ、ギフト感がアップ。また、あえて一般的な布リボンを使わずに、帯状にカットした包装紙でシンプルなリボンボウを作って両面テープで貼り付けるのも、気に入っているラッピング方法。

♥心を伝えるプティギフト

日常の中に至福の時間を紡ぐプレゼント

相手の性別を選ばないプティギフトの定番にしているのがお香。私が贈り物の基本としているのは、いただいて嬉しいもの。お香も、私自身がアシスタントの女性からいただいた上質なお香を、とても嬉しく感じたことがきっかけで贈り物リストに加わった。写真は、京都の「松栄堂」とフィレンツェの「サンタ・マリア・ノヴェッラ」がコラボレートした4種の香りが楽しめるもの。ハンドバッグの中に入るコンパクトさと、使えばなくなる"消えもの"であることも贈りやすい理由。

特別な嬉しさを生む刺繍入りハンカチ

ちょっとしたお礼など、気軽な感じで差し上げているのが、ヨーロッパで見つけた、イニシャルや星座が刺繍されているさらりと心地よい肌触りのリネンハンカチ。イニシャル刺繍がされているのは小さなリネン専門店、星座のほうはフランスのリネンブランド「ディ・ポルトー」の製品。ハンカチのような手頃なものであっても、イニシャルや星座が刺繍されていることで"その方のために"という思いを伝えてくれる。実用的なベーシックアイテムゆえ、もらった方にとって役立つ贈り物になる。

日常づかいの銀製品で贅沢なひとときを贈る

贅沢な日用品は使い手にささやかな幸福感をもたらしてくれる。小さくてリュクスな銀製品は、どんなテーブルやインテリアにも調和しやすいということからも、贈り物に向く。「和光」の本館地階や、シルバーウェアブランド「クリストフル」で探すことが多い。読書家の方にはブックマーク。紅茶好きの方にはティーメジャーと茶葉をセットにして贈ったことも。キャンドルの火消しもあまり自分では買うことのないアイテムなので、思いの外喜ばれる。写真は「和光」で取り扱っているダストパンと火消し。

遊び心溢れるハンドメイドアクセサリー

"ユーモアを贈る"という気持ちでセレクトするのが、独創的なアクセサリーや小物。最近のお気に入りは、神戸にアトリエを構える「MONMANNEQUIN」のデザイナー加藤友香さんの作品で、缶詰やケチャップ、フライドポテトといった日常生活の中にある身近なものをモチーフにしたキッチュなピンブローチ。若いクリエイターや作家が生み出す作品は、時代の空気感やパワーを宿しているかのよう。見ているだけで思わず微笑んでしまうような"遊び心"は、大人の女性にも喜ばれる。

Risshun —2月 立春—
折敷でおもてなし感を演出する鍋パーティ

ドリンクコーナーは白木やバンブー素材のアイテムを選び、そこはかとなく和の趣に。楕円形の高野槙のクーラーは「中川木工芸 比良工房」のもの。

　賑やかで肩肘張らない友人たちとの集いといえば鍋パーティ。体も温まりますし、私は一つの鍋を囲んで食事をする和やかな雰囲気が大好きです。卓上にカセットコンロを置くとスペースが狭くなり周囲が熱くなるので、我が家の鍋パーティではダイニングテーブルの他に、ドリンク類を置くための丸テーブルを用意します。気取らない集まりですから飲み物はセルフサービスで。熱を避けたいワインクーラーや花も、別のテーブルなら安心ですし邪魔にもなりません。

　カジュアルといえどもお客さまをお招きするのですから、テーブルセッティングには程よいおもてなし感も必要です。折敷はランチョンマット感覚で気軽に使えて、テーブルを品よくまとめてくれるアイテム。銘々の席に折敷を敷いて普段とは異なる雰囲気に。器を直にテーブルに置くより特別感が出て、和の雰囲気も加味されます。折敷の上には、韓国の器ギャラリーで見つけた若手作家の素焼きの角皿と、内側だけに釉薬が掛かった鉢をのせ、洗練と素朴さが混じり合った雰囲気を作ってみました。

　ホームパーティで気をつけているのは、ゲストと一緒に過ごす時間を楽しめるように段取りしておくことです。招く側が慌ただしくしているとゲストも落ち着けませんから、あらかじめ準備できるものは先にセットしておきます。人数も対応できるキャパシティを考え、無理のないように。私の場合は、自分を含めて6名くらいまでで集まることが多いです。用意したコーディネートやお料理を、お客さまが喜んでくださるのは何より嬉しいこと。私の心もほっこり温まります。

別テーブルに
ドリンクコーナーを作る

数種のリキュールを揃えて、好みのお酒を冷たい炭酸水で割って飲めるようにしたドリンクコーナーの丸テーブル。多種の飲み物やたくさんのグラス類を置いても雑然とした印象にならないよう、白木の丸形折敷を利用。

ペーパーナプキンは、竹の持ち手がついた菓子器に。金色の鯛のオブジェをウェイトとして使う。

食後酒やデザートはあらかじめ
セットしておく

食後のデザートや食後酒なども前もって丸テーブルに準備しておけば、ゲストとの時間をゆっくりと過ごせる。小さな焼菓子を入れたのは、フランスのリモージュ磁器「レイノー」のもの。後で食べるものを事前に用意しておくのには、蓋付きの器が重宝する。

43

空間がパッと華やぐ
花材を選ぶ

おもてなしの日には、離れた場所から眺めても華やぎがあり、視線を集めるような高さがある花材がおすすめ。ガラスの花器に生けたのは大輪の八重咲き百合。葉を全て落としてエレガントな花色と形を際立たせた。百合は香りも魅力だが、食卓には強すぎる場合もある。別のテーブルなら香りの心配がなく、調理の熱も避けられる。

ナプキンとペーパーナプキンを併用する

樺材に銀のラインが入った「クリストフル」の折敷にのせたのは、封筒形に畳んだオリジナルデザインのナプキン。フランス語で"ボナペティ（どうぞ召し上がれ）"と刺繍されており、おもてなしの心を伝える。本来ナプキンは、服が汚れないように膝に掛けたり手や口もとを拭うためのものだが、汚してしまうことに気が咎める方も。封筒内に気兼ねなく使えるペーパーナプキンを添えて。畳み方はp.212を参照。

45

お盆感覚でさっと運べる木の板皿

オードブルの"トマトのオーブン焼き"は、木工芸作家の羽生野亜さんの板皿に盛りつけた。軽い木の板皿は、料理の鮮やかな色彩が映えるばかりでなく、キッチンで仕上げた料理をそのままテーブルへサーブするときなどにお盆感覚で使える。

テーブルクロスは汚れが目立たない濃い色を

鍋料理は、どうしても汁が飛んだり落ちたりしがち。濃い色のテーブルクロスにしたほうが、お客さまに余計な気を遣わせないですむ。どことなく和を感じさせる唐花模様のクロスは、フランスのテーブルリネンブランド「ボーヴィレ」のもの。アンダークロスとしてテーブルプロテクター（p.178参照）があるとさらに安心。

切った食材は京都の職人にオーダーした金網にのせて食卓へ。

専用の木製カバーで覆ったカセットコンロの上の土鍋は、アートディレクターの故渡邉かをるさんによるデザインで20年来使い続けている愛用品。鍋のレシピは、料理本のスタイリングをきっかけに料理研究家・後藤加寿子さんから教わった"鶏の丸とかぶの鍋"。

Small-space Storage
収納家具で小空間を生かす

　テーブルコーディネーター、インテリアスタイリストという仕事柄、テーブルウェアやリネン類などの所有アイテムの数は多くなってしまうもの。私は、住まいの収納容量を高めるために、リビングダイニングとDENに壁面収納を設置しています。住まいの床面積はどうしても限りがあります。ですから、部屋の高さを利用してスペースを有効に活用するわけです。

　しっかりとした収納力がありながらもインテリアの雰囲気を損なわないということも大切。考え尽くして選んだのが、イタリア「レマ」の「SELECTA」でした。"選択"という名のとおりスペースや好みに合わせて、棚板や扉の色・素材をはじめ、扉の開閉方式やユニットのサイズ・奥行きなどが豊富なパーツの中から選べ、細やかにカスタマイズすることができるシステム収納家具です。

　家具は長い間使いますから、衝動買いをせず慎重に検討を重ねました。小空間だからこそ、デットスペースが生まれないよう中に入れるもののサイズを考慮しながらじっくり時間をかけて、素材、色、棚板の配置やデザインなどを決定。テレビや照明を置く位置などもあらかじめ想定して、コードが背板の裏側やキャビネット内に収まるようにしています。「カッシーナ・イクスシー青山本店」でオーダーしてからイタリアで各パーツが製作されるため、納品までに約半年かかりましたが、一生ものの家具にふさわしい仕上がりとなりました。空間と暮らし方にフィットするように設計したこのシステム収納のおかげで、アイテムをひと目で把握することができるようになり、家事も仕事も効率が上がりました。

Living Diningroom

高さで空間を有効活用

リビングダイニングの壁面に、高さ179cmのシステム家具を設置。限られた広さの中で、空間の高さを上手く活用することで収納容量は大幅に増えた。棚やキャビネットは容量が大きくなるほど重々しくなりがちなので、色も慎重に検討。扉の色に、床材やソファの色に近いマットな質感のサンドベージュを選び、空間になじませた。

Before

After

49

"見せる収納"の棚で軽やかな印象に

縦長、横長と扉の形が異なるモダンでシンプルなデザイン。テレビや照明を置くための棚以外にも、あえて扉をつけない棚を配した。中には花器やキャンドルホルダーを入れたり、コレクションしている籠を並べたりして"見せる収納"を楽しんでいる。扉のない棚をリズミカルに配したことで、高さがありながらも壁のように平面的にならず、軽やかな印象に。

DEN

収納家具で空間の印象を一変させる

部屋全体が収納庫のようだったDENは、きちんと"もの"を収めつつインテリアとして美しい収納棚にしたことで、書斎のように使える居心地のよいスペースになった。出し入れしやすいように、棚の奥行きは約34cmと浅めに。扉があるので、中に収納されている"もの"の存在を感じさせないすっきりした空間になった。

Before

After

スライド式ドアで床面積を最大限に生かす

玄関を入ってすぐ右側の約5畳の部屋がDEN。靴を履いたまま入れる土間のようなスペースなので、荷物の搬入搬出が多い仕事柄スモールオフィスのように使っている。玄関との間は、開閉する際に前後のスペースが必要な開き戸ではなく、上吊り式の引き戸でセパレート。全開にすれば玄関からひと続きになる。

壁一面のミラー効果で奥行きを感じさせる

大型サイズのミラーが、狭小空間を広く見せる視覚的効果は絶大。DENには、床から天井までの高さがあるノンフレームミラーが取り付けられており、実際以上の奥行きを感じさせる。物理的な広さは変えられなくとも、広く見せる工夫をすることで、圧迫感を感じさせない空間に。

シーンによってDENを多目的に利用する

DENを美しく整えたことで、モノを収納するだけの場所から、多目的に使えるスペースになった。普段は作業スペースや書斎として使っているが、アシスタントや仕事仲間との軽い打ち合わせや、ホームパーティのウェイティングスペースなどにも。コーディネートによってさまざまなシーンに対応させて、こぢんまりとした居心地のよさを生かした空間づくりを楽しんでいる。

Usui ——2月 雨水——
室内に春を呼ぶ球根の花と根付きのラン

立春を過ぎると暦の上では春が始まります。少しずつ寒さが緩み、気持ちが春へと向かう季節に毎年楽しみなのが、お部屋にうららかな雰囲気をもたらす球根の花々。暖かくなるにつれ伸びやかに育つ球根の花を飾ると、途端に部屋の中がパッと明るくなります。

　テーブルランナーのように細長く配した卓上花。メインのアレンジメントの花器に使っているのは、籠目が透けるアクリル製の大きな長皿です。湿らせた苔を敷き、小さな球根植物を並べました。あえて球根が見えるようにするのがポイントで、色々な種類を複数並べて野の花畑のようなイメージに仕上げます。翌日からは、毎朝水に浸してあげたり、自立しづらくなったものは小さなガラス器に入れ替えたり。花が楽しめるのは１週間ほどですが、枯れた花をきれいに摘んで、球根と葉だけをグラスに移し、違った景色としてしばらく楽しみます。毎日観察しながら、球根の生命力を感じているととても愛おしくなり、懸命に生きる姿に感動を覚えます。それと同時に、小学校の理科の授業で初めて水栽培をしたときの、驚きや嬉しさも思い出させてくれるのです。

　そして、球根の花と同様に、生命力を強く感じさせるのが根付きのランの花。花持ちもよく、花、葉、根、それぞれが美しいオブジェ的な存在です。観葉植物のように床置きしたり、窓辺で掛け花風にしたり……。インテリアデコレーションとして映える飾り方で、切り花のランとは異なる魅力を引き出してみました。

コップに生けたヒヤシンスの香りに、室内が春めいた。日々の暮らしにそっと寄り添う小さな花あしらい。

ヒヤシンス、クロッカス、ムスカリ、チューリップ。多種の球根の花でメインのアレンジメントを作り、両側へ伸びてゆくように水栽培風にコップを並べた。

窓辺を小さなオーキッドガーデンに

かつて祖父母の家にはサンルームがあり、祖母がランを育てていた。ランの花に惹かれるのは、その記憶のせいかもしれない。今の住まいにサンルームはないが、窓辺に小さなオーキッドガーデンを作ってみた。フラワーショップ「バネパ」のボタニカルハンガーを使って、花が宙に浮いているかのように見せる花あしらいは、さながら現代版"掛け花"。窓台に置いた流木のキャンドルスタンドには、苔玉のランを飾る。高低差をつけて配置することで、窓台の奥行き29cmのスペースを有効に活用。

石＋流木でスタイリッシュに飾ったランの花

パーソナルソファの間の、背の高いガラス花器に生けたのは大きな根付きのラン「バンダ」。花器の底に石を入れ、流木を立てて花留めにした。ソファに座れば間近に優美な花の姿を堪能でき、離れた場所からは迫力ある造形美を眺めることができる。たった1株が空間の景色を美しく変えるデコレーション。

Joshi ―3月 上巳―

大人の桃の節句は、
お雛さまが主役のテーブルで

古来日本人は、折節の行事を通して四季の移り変わりを感じ、日常生活の節目を祝ってきました。女の子の健やかな成長を願う上巳の節句もその一つ。せわしない日々の中でも少し立ち止まって、こういった年中行事に目を向けて季節を感じることが大切なのではないかと思っています。

　我が家は、仕事の準備や打ち合わせなどのために人が集まる機会が多くあります。3月3日も、いつも私の仕事を支えてくれている女性アシスタント3人が午前中から訪れていました。仕事の合間であっても、せっかくならば皆で雛まつり気分を味わいたいと考え、昼食のテーブルは雛まつりをテーマにセッティング。大人の女性だけで、桃の節句を楽しみます。

　左ページの立ち雛は、45歳頃にふと「自分のためのお雛さまが欲しいな」と思って求めたもの。京都の木彫人形師・森 翠風さんの作品です。伝統の技が光る仕上がりと上品な面持ち、小振りながらもパッと目を引く強い存在感があります。1LDK＋DENというコンパクトな今の住まいに段飾りの雛人形を飾る機会はありませんが、これくらいの大きさなら思い立ったら気軽に出して飾れます。"自分の暮らしのスタイルにしっくりくるサイズ感"であることも、気に入っている理由です。

　雛人形は、壁や屏風の前に飾るのが一般的ですが、今日はテーブルの中央に置いてセンターピースにしました。立ち雛の上に大きくアーチを描くよう、小さな白い花で春を告げるユキヤナギを生けて、花木の下で食事をしているような気分へと誘います。たとえ大人になっても、幸せを願う気持ちは"女の子"であった頃と同じ。可愛らしいお雛さまを囲んでのランチに、女性同士の会話が弾みます。

細いランナーと小さめのマットをオーダーメイド

卓上に何かを飾るときには、折敷や布ものを敷くとメリハリが出てまとまりやすい。立ち雛の下のテーブルランナーは、西陣織の老舗「細尾」にオーダーしたもの。淡い桃色と銀糸の重厚な織りが、晴れやかな趣を作る。注目なのは、約16cmというスリムな幅。八角形のプレースマットと一緒に、テーブルサイズに合わせて寸法を決めた。日本の食卓に合わせて考え抜いたサイズだからこそ、和のコーディネートが端正に決まる。

ナプキンは十二単を思わせる畳み方に。折り詰めの上には、蝶々柄の和紙を掛けた。ちょっとしたひと手間で特別感を演出。

62

花の下に集うようなアーチ状のアレンジ

卓上花は、見上げるほど高く生けると視線を邪魔することがない。IKEBANAと名づけられた「フリッツ・ハンセン」の花器は、長い枝ものも倒れずに生けられる優れもの。2か所に置き、テーブルの中央で枝先が繋がるようにユキヤナギを挿した。デザイン性の高いベースがコーディネートにシャープで現代的な趣を加える。

仲睦まじく肩を並べる後ろ姿もキュート。立ち雛に使われている紫色をアクセントカラーにして、同色のタンブラーやリキュールグラスを重ねることで全体を調和させて。

昼食は雛まつりにちなんで、鮮魚店「根津松本」の江戸前ちらし寿司をデリバリー。醬油差しとして使ったクリーマーや小皿は「ベルナルド」製。ピューター製の花形の箸置きで銀色の輝きをプラス。

屏風で飾る場をしつらえる

江戸からかみのお店「東京松屋」で誂えたのは、収納家具の棚の中に収まる一双の屏風。金砂子地に、金色で菊立湧文様を表現したからかみは、摺りから特注した。1曲が幅28×高さ60cmでも、広げた途端に棚の中が華やかな室礼の場に。裏は異なる色柄にして両面とも使えるよう仕立てた。照明で手摺りの文様が浮かぶ様子はなんとも優雅。

ダリアとネコヤナギを生けたのは、ウィリアム・モリスの植物柄を銀色で描いたガラス花器。"灯り×花"の組み合わせに、思わず耳の奥で童謡『うれしいひなまつり』のメロディーが流れてくる。

Keichitsu —3月 啓蟄—
思い出の品を額装してアートのように飾る

手放すことができない大切なものだけれど、活用できずにいる思い出の品。きっとどなたもお持ちなのではないでしょうか。そういった品を今の暮らしの中で生かす方法の一つが額装です。額装というと絵画などのアート作品のためのものと思われがちですが、実際は額に入れるものは自由。私は、大好きだった祖母の形見を額装し、アーティスティックなインテリアデコレーションとして飾っています。

　祖母は茶の湯を嗜み、日本や中国の文化芸術を愛した人でした。きものや帯、茶道具などを形見としてもらったのですが、私自身が実際に身につけたり、使う機会はありませんでした。そこで、額に入れて目に触れる場所に飾ることにしたのです。玄関からリビングへと続く廊下の壁に掛けているのは、仕覆や茶杓などの茶道具を立体額装で収めたもの。1つの額に全てを収めてしまわず、あえて2つの額を並べる飾り方を想定し、マンションの壁に負担なく掛けられる重さに仕上げてもらいました。ギャラリーの展示のように、歩きながら自然に眺められる目線の高さに設置しています。

　きものや帯などの布ものは、パネルに貼った状態にして縦長に額装しました。大切だからこそ、しまい込まずに"生かす"。帯やきものにはさみを入れるのは勇気と決断が必要でしたが、部屋に飾ってみると、毎日の暮らしを祖母が見守ってくれているような気持ちになれて、箪笥の奥に眠らせておくよりよかったなと感じています。

額装によって茶道具の存在感が強調され、廊下はギャラリーのようにモダンな空間になった。

現代のアート作品や枝ものとともに飾る

リビングルームの壁に飾っているのは、形見の古い帯地を額装したもの。夏場はKOKINさんが描いた現代の作品とともに掛けることも。季節の枝ものを添えれば、途端に室内に風情ある景色が生まれる。額装は、丁寧に考えてもらえる額装専門店に依頼して、仕上がりのイメージや室内環境などを相談しながら作ってもらうことが肝心。

きものの柄を一幅の画のようにトリミング

寝室の姿見の両サイドに飾っているのも、祖母が着ていたきもの。洗い張りした後、裾模様の部分を額装してもらった。付け下げや訪問着などの絵画性が高いきものは、"一枚の画"として鑑賞できるようトリミングするのがポイント。縦長に切り取り、余白の美を感じさせる仕上がりに。

クッションカバーに仕立てるのも、きものをよみがえらせるアイディア。衣類としての役目を終えたきものも、工夫次第で暮らしと心に寄り添う大切な一品になる。

Shumbun ─3月 春分─

室内でお花見を。
私流、花盆栽の楽しみ

近年、日本の伝統文化として世界的にも注目されている盆栽。人気の高まりとともに、専門店だけでなくフラワーショップなどでも見かけるようになってきました。冬の終わり頃、私が百貨店の催事で出会ったのは、1本の枝垂れ桜の盆栽です。最初は固く締まった蕾がついているだけの状態でした。一見枝だけのようだった木が、春が近づくにつれ立派に花を咲かせ始める姿はとても愛しく感じられるもの。友人にも見てもらいたいと、開花した盆栽をデコレーションテーブルの主役に、お花見ティーパーティを開きました。

　盆栽の発祥は中国の唐といわれ、平安時代末期に日本に伝わり、日本独自の文化として進化し洗練されていったのだと聞きます。盆栽をお座敷に飾る"床飾り"は、そんな日本的な美意識から生まれた飾り方の一つなのだそう。掛け軸や、盆栽に添えて飾る小さな置物である添配が、見る人を別世界へと誘う飾り方です。私は、この伝統的な飾り方を今様にアレンジ。縦長の紙に描かれた、バリの舞踊をモチーフにした絵画をお軸の代わりにしています。桜木の根元には、象の背中に子猿がのったデザインがユニークな銀のピック挿しを添配として置きました。

　盆栽とともにテーブルに並べたのは、桜の花や蝶々をかたどった干菓子です。茶席に使われるような和菓子は、季節感に溢れ見目麗しく魅力的なものばかり。デコレーションアイテムに最適です。食べておいしく飾って美しいお菓子を、一つずつ飾ってゆくのは絵を描くような楽しさを感じます。漆の細長い形の器を枝に見立て、桜咲く木々の間を黄色い蝶が舞う春の光景を表しました。親しい人たちと一緒に桜の名所を訪れてお花見するのも風流なものですが、喧騒を離れて"プライベートな桜木"を愛でるのもまた一興です。

"盆栽＋置物"で
雄大な景色を想像させる

「フウガ」で見つけた銀色の水盤を鉢カバーにして、盆栽をテーブルの上にデコレーション。土が見えないように表面に苔を敷き詰め、「クリストフル」のピック挿しを配置。桜の大木の下を象が歩いているような、遊び心溢れる風景を作り出した。金属製の水盤や、「バカラ」のクリスタルの蝶々のシャープな輝きで、現代的な空気感を添えた。

野を思わせるアイテムで
お花見気分を盛り上げる

桜が咲く頃によく使うのが、神代杉の箱に収まったティーポット&カップ。この収納箱は、「部屋の一角に置いたときの佇まいが美しいものを」と器に合わせて「中川木工芸 比良工房」に製作をお願いした。菱形の菓子皿も入っており、この箱一つでお茶を楽しめるセットになっている。提げ重のような形が春の野を彷彿させ、お花見気分を一層盛り上げる。カップの中に桜型の食用金箔を浮かべて。

和になじむ、洋のテーブルウェアをセレクト

食卓は、洋のアイテムを和風に使ってモダンな印象に。白磁に墨色の優しいグラデーションが水墨画を思わせるティーポットとカップは、フランス語で月食を意味する"エクリプス"と名づけられた「レイノー」製。杉の丸盆が付属したアフタヌーンティースタンドは「HIGASHIYA」のオリジナルで、和菓子にも合う。落ち着いた風合いのイタリア「ソサエティ」のテーブルクロスを敷いて、ナプキンは扇形に畳んだ。

【扇形ナプキンの畳み方】

① 6等分になるよう、山と谷を交互にじゃばら折りにする。

⑤ 左側の上一枚をとり、角を開いて潰すように折る。

② じゃばら折りのままアイロンをかける。

⑥ ⑤と同じように、上から順に角を開いて折る。

③ 3等分した左右を中心に向かって折り、半分を外側に折り返す。

⑦ 右側も同様に折る。

④ 上からアイロンをかけて押さえる。

形を整えて出来上がり。和の雰囲気を加えたいときや、お祝いの席にも向く。

Seimei —4月 晴明—
屋外でピクニック気分を味わうひととき

　暖かな陽光の下で気持ちよく過ごせるシーズン。ベランダやお庭、近所の公園などの屋外で、吹く風に春を感じながら過ごすのは、開放感があり気分もリフレッシュします。私が暮らしているマンションの屋上には、バーベキューなどを楽しむことができる居住者専用のパブリックスペースがあります。春や秋はもちろん、夏の夕暮れ時などには、トイプードルのクロベエや家族と一緒にこの屋上に出て、プティピクニックを楽しみます。

　そういったアウトドアでくつろぐシーンに欠かせないのが"布もの"です。ウッドデッキや芝生の上にクロスを敷いて、ミニサイズのクッションと、パーソナルブランケットを置いてみる。それだけで、途端に布の上がカジュアル・リュクスなくつろぎの場へと一変します。ビニールシートも便利ではありますが、肌に心地よい"布もの"を使って居心地のよい空間づくりを意識することで、屋外で過ごすひとときが、ぐっと豊かな表情になるのです。

　かつてニューヨークで一目惚れし、日本まで持ち帰ってきたバスケットは、ピクニック気分を盛り上げてくれる愛用品。持ち手がついて運びやすいので、ちょっと何かを外に持ち出したいときに活躍します。ワインやオープナー、グラス、おつまみといったプティピクニック用の道具一式を入れて屋上へ。時には親しい友人や仕事仲間と一緒に、沈む夕日を眺めながら乾杯することもあります。たとえ遠方まで出かけなくても、ささやかな時間であっても。外の空気を吸って空を見上げていると、気分がすっきりするものです。

"布もの"効果でくつろぎ空間をしつらえる

デニム生地のクロスをふわりと広げて、ウール生地で作られたクッションやカシミアのブランケットを添える……。効果絶大な"布もの"の力を使って、芝生の上をアウトドアリビングのような空間に。ワイン収納用に中が6つに仕切られたバスケットは「ラルフローレン」のもの。コードレスで使える充電式の「カルテル」の照明は、夕暮れ時の雰囲気づくりに活躍する。

蓋が付いた籠を
お弁当箱代わりに使う

籠は軽くて丈夫なうえ、蒸れにくいのも利点の一つ。バリで見つけた3段の籠は、食べ物を入れて重箱やお弁当箱として使うことも多い。生春巻きの下に大きな葉を敷き、所々にランの花を飾って、籠の中に小さなアジアンリュクスな世界観を作ってみた。

割れにくく扱いやすい素材の
食器を選ぶ

アウトドアシーンの食器類は、壊れにくい素材が安心。とはいえ使い捨ての簡易的なものではなく、おいしく食事ができるものを選びたい。イタリア「カルテル」のグラスはプラスチック製。ベリーを入れたのは一般的な保存瓶だが、キャップカバーを被せて一工夫した。コップやお皿は、鎌倉彫の老舗「博古堂」の漆器。軽くて丈夫な漆器は気兼ねなく使え、かつきちんとした雰囲気になる。

Kokuu —4月 穀雨—

コーディネートを楽しむための
カーテン選び

インテリアにおいて広い面積を占めるカーテンは、室内の雰囲気を決定づける重要なアイテムです。しかし、多彩な種類があるインテリアファブリックの中からいざ生地を選ぶとなると、どんな色柄や素材にすればよいのか迷うこともあるのではないでしょうか。これまでに色々なスタイルのカーテンを使ってきた今、私がたどり着いたのは、飽きが来ずに長く愛用することができて、さまざまなインテリアコーディネートに調和するカーテンでした。

　四季折々のコーディネートを楽しみたいリビングダイニングルーム。ここには、窓の外に広がる木々の緑を一枚の絵画のように見せてくれるホースヘア（馬毛）のカーテンを掛けています。和にも洋にも、アジアンテイストにもなじむこと。そして、上質感のある背景としてコーディネートを引き立ててくれる色と素材であることを慎重に考慮したものです。そして寝室には、空間に溶け込むようなシックなトープ色のストライプのカーテンを選びました。寝室全体のインテリアはニュートラルな雰囲気にしておき、ベッドリネンを替えることで部屋のイメージチェンジをします。

　上質なカーテン生地は高価なものですが、インテリアの美しさをぐっと底上げし、長く愛用できる一枚となります。ホースヘアのカーテンは、10年ほど前に作ったもの。理想的な生地を見つけて、一生ものとして使いたいと思い購入を決めました。その後、幾度か引っ越しをしたのですが、その度に窓に合わせてサイズを直しています。寝室のカーテンもしかり。現在、裾には別生地を足して使用しています。"簡単に買い替える"のではなく"直しながら大切に使う"。お気に入りのものとは、そんなふうに丁寧な付き合い方を重ねていきたいと考えています。

自然を思わせる窓辺のデコレーション

窓辺にはエアプランツや根付きのランなどの植物を飾ることが多い。窓台には、昔「ダナ キャラン ニューヨーク」のブティックで見つけたハート形のストーンを置いて。コーディネートは、全てを作り込んでもなかなか上手くいかないもの。ストーンのように素朴な自然のマテリアルを加えると、程よく力が抜けリラックスしたムードになる。

パネルトラック仕上げで軽やかに

馬毛に麻を少し混ぜて織ったカーテン生地は、「ル クラン」のもの。特有の張り感を生かすために、パネルトラックと呼ばれるフラットなスライド開閉スタイルに仕立てて。「トミタ」で生地を選び、縫製加工をしてもらった。引っ越しを機に裾35cm分同色の生地をはいで、長さを調整。裾には棒状の重りが入っており、カーテンのフラットさが保たれている。

長めの丈で美しいドレープを出す

寝室のカーテンは「トミタ」で、ある程度の遮光性がある生地を選んだ。太いストライプ柄は無地のように平面的にはならないが、同系色なのでコントラストが強すぎることもない。現在の掃き出し窓の高さに合わせ、ドレープが美しく見えるようストライプの濃い色と同色の布をはいで丈を長くお直し。不足分をつけ足したような印象にならないよう、元々の生地を数十cmカットしてバランスを取った。カーペットも同系色にしている。

Easter —4月 イースター—

お気に入りのテーブルウェアで
幸せな朝食を

一日がスタートする朝を美しいテーブルで過ごすことは、心の余裕に繋がります。コーディネートは、おもてなしの日ばかりのものではありません。自分のために朝の食卓をきちんと整えると、驚くほど穏やかな気分になれます。

　黄色い色彩が目にも鮮やかで、調理法によって姿も味わいも変化する卵は、私が好きな食材の一つ。毎朝必ず卵料理を頂いています。とはいえ、忙しい朝の時間に手の込んだものは作れません。ゆでたり、スクランブルにしたり、ごくシンプルな調理で。食器棚の中には何種類かのエッグスタンドが入っていて、そんな"卵専用アイテム"を使うこともささやかな楽しみです。

　ゆで卵を食べるためだけに作られたエッグスタンドは、フランスなどの食器店に行くと多彩なデザインのものが売られていてヨーロッパの方々の卵への愛を感じます。そんな中から見つけたのが、斜めのソーサーにスタンド部分がマグネットで着脱できるデザインのもの。パリの「ジャン・ルイ・コケ」のショップで、使ってみたい！　と一目惚れしました。雄鶏がモチーフのエッグカッターも、お気に入りの一品。こういったユニークな専用アイテムは、卵を食べるという日常の行為を、少し特別な喜ばしいことのように感じさせてくれます。

　また、銀のダストパンやスタイリッシュなデザインの「ライヨール」のバターナイフなども我が家の朝の食卓に欠かせません。毎日使うものだからこそ、上質なテーブルウェアを。美しい道具たちは、手にするたびに楽しさや満足感を与えてくれるのです。

「日本橋木屋」で見つけた、ドイツの刃物製造の街、ゾーリンゲン製のエッグカッター。

アクリルマットで白いクロスを日常使いする

クロスも食器も白というシンプルな色彩の世界に、個性的なデザインのエッグスタンドというリズミカルなアイテムを加えるのが、コーディネートのポイント。京都のアンティーク店「ギャルリー田澤」で見つけたアクリルマットを重ねることで、ミモザの花が刺繍された白いテーブルクロスを汚すことを気にせずに使える。透明なのでクロスの色柄やコーディネートを邪魔することもない。

クロスの刺繍柄に呼応させ、春の訪れを告げるミモザを生けた。「リヤドロ」製のキャンドルスタンドを花器に見立てている。

"カトラリーを立たせる"という発想が斬新な「ライヨール」のバターナイフ。柄は水牛の角で作られている。

数年前に、「和光」で見つけた花の模様が彫られた銀製のダストパン。食後の片づけも優雅な気分になれる。

黒を効かせてシックな趣に

春になると、使いたくなるのは草花が描かれた爽やかさのあるテーブルクロス。ヤシの葉や花柄がモノトーンでプリントされたクロスはフランスの「ボーヴィレ」のもので20年来の愛用品。「アトリエ ジュンコ」の黒いエッグスタンド、黒い線で模様が描かれた「エルメス」のディナープレートやガラス器、「リチャード ジノリ」のカップ＆ソーサーなど、黒を効果的に重ねてシックに。

Kitchen Renovation

リノベーションで理想のキッチンに

　日々の食事を作るキッチンは、思いのほか長い時間を過ごす場所です。もっと使いやすくて、調理が楽しくなるような空間にしたいとリノベーションをしました。キッチンは、見た目ばかりでなく使い勝手のよさも重要。実際に使いながら自分の理想を具体化してゆくと失敗がないように思います。我が家のようにマンションのキッチンの場合、水まわりの位置や広さまでは変えることができませんから、既存のキッチンをベースに、「もっとこうだったらいいな」というイメージを膨らませ、1年以上をかけて構想。慌てず急がずじっくりと。あれこれ考える時間を楽しみながら、理想を追求しました。

　リノベーションしようと思ったのは、シンクや調理台の高さがきっかけです。台所仕事は、立ち仕事ですから、身長に合った作業しやすい高さにしたいと考えたのです。以前のものは私には低すぎて、いつも前かがみになっている状態。10cm高くしたことで、腰に負担がかかることなく快適に使えるようになりました。設計施工をお願いしたのは、住宅用特注オーダー家具にも定評のある「アクシス」です。相談を重ねて細部に至るまでデザインを決めていきました。リフォームにかかった実際の工期は、5日間。シンクやガス台、棚などキッチン内のパーツのほとんどを外してほぼ駆体のみの状態にし、あらかじめ製作していたキッチン家具や新たな機器類を入れました。そしてキッチンテーブルや壁は、憧れだった大理石にチェンジ。収納容量もぐっと増やしてゴミ箱もビルトイン式に。オーダーキッチンならではの、無駄なスペースのない合理的なキッチンとなりました。

Before

リフォーム前のキッチン。シンクやカウンター、戸棚、ガスレンジや食器洗浄機などは、備え付けられていたものをそのまま使用していた。ゴミ箱が導線を邪魔している。

After

大理石に囲まれる エレガントな小空間

リノベーションするなら自然の大理石を使いたいと考え、大理石を使う空間づくりを得意とする会社に施工を依頼。同じ白が基調の空間でありながらも、特有の素材感と輝きによって以前とは全く異なるラグジュアリーな雰囲気に。憧れていた"大理石に囲まれた空間"を実現させることができた。

キッチンテーブルの高さは
身長に合わせて

リノベーションしたことで、シンクや調理台は10cm高くなった。この10cmの違いで、作業のしやすさが大分変わった。キッチンテーブルの高さを変えるのに合わせて、台所機器類も「アスコ」のガスコンロ、「ミーレ」のオーブンレンジや食器洗浄機などに替えて、より使いやすさを追求した。

筒状のガラスから光を放っているのは、ワイヤレスのスピーカー。キッチンの片隅に置いておき、食事の支度や後片づけ中も音楽を楽しむ。

Before

After

収納棚の面積を増やして すっきりと

天井から床までの高さの収納棚を設置。冷蔵庫の上など、デッドスペースだった場所も収納にした。棚や引き出しの一つひとつに細やかに対応できるのは、オーダーキッチンならでは。無駄なスペースができないよう設計してもらい、収納容量をぐっと増やした。

棚板と箱ものを賢く使って 整理整頓

重ねすぎると器は傷んで出し入れしにくくなるので、食器棚の中は棚板を上手く取り入れて、アイテムごとに収納している。細々したものや食材は箱ものを使って整理整頓。棚の中をきちんと整った状態に保つことは、使いやすいばかりでなく、台所仕事の楽しさへも繋がっている。

重ねられる桐製の帯締め用の収納箱を、カトラリーや箸、箸置き入れとして使用。

サラダサーバーやレンゲなどは、タイ製の竹籠に入れてしまっている。

上部がアクリル板で中が見える「増田桐箱店」の米びつを食品類のストッカーに。

Tango ―5月 端午―

伝統を今様にアレンジする
お節句テーブル

5月5日は端午の節句。子どもの日として知られていますが、本来は季節の変わり目に邪気を払い無病息災を願う五節句の一つです。ちょうど大型連休中ですから、家族や友人が集まりやすいタイミングでもあるので、ハレの日らしい季節感を感じるテーブルでのおもてなしを楽しみます。子どもが幼かった頃は兜を飾ったりもしていましたが、大人だけの暮らしになった今、節句のためだけの飾りというものは持たなくなりました。その代わりに行事や季節感を、見立てやプラスアルファの工夫で表現しています。

　デコレーションテーブルの上に飾ったのは、掌にのるサイズの透かしボンボン入れ。5本の絹の紐を結んで、端午の節句に魔除けとして飾る薬玉に見立てました。そして、ダイニングテーブルにも節句専用といったアイテムは使っていません。私は、テーブルコーディネートは、いわばカラーコーディネートだと考えています。人が色彩から受けるイメージの影響はとても大きいもの。紫と金という高貴で凛とした色彩をテーマカラーにして、季節行事に関連する花を飾るだけでも、端午の節句らしさは伝わります。そこに、ナプキンや折形で作った調味料入れで兜型のモチーフをプラス。学生時代からの友人に教わった、兜の緒を締める際の飾り結びを箸置きにしてみました。こうした行事にまつわる道具を意識しながら、手持ちのアイテムをそれに近づけるような感覚で色々と工夫を凝らしてみると、おのずとセッティングに独創性が生まれます。

　コーディネートのアイディアを考えることをきっかけに、伝統的な風習、折形や飾り結びといった日本文化について興味を持ち、調べたり教わったりすることがたびたびあります。そういった新たな学びや発見こそ、表現の可能性を広げていってくれるのだと思っています。

手持ちの道具を節句飾りに見立てる

ボンボン入れは母が大切にしていたコレクションの一つで、「ヘレンド」のもの。絹の紐5本を巻いて薬玉に見立てた。薬玉は青・赤・黄・黒・白の5色の糸を垂らすのが伝統的な飾り方だが、ボンボン入れ自体が多色なので紐の色は1色のみに抑えている。テーブル上に屏風を立てて床の間のような場をしつらえ、脚付き漆器の上にのせて飾りの存在を強調。

行事の花がテーマを明確にする

季節行事のコーディネートには、伝統的な花材を使うことでその日のテーマがはっきりと伝わる。端午の節句であれば菖蒲。そのほか、アヤメ、カキツバタ、アイリスなどでもよい。今回はアイリスの花を、丸みのあるギボウシの葉で包み込むようにアレンジ。ブーケを思わせるモダンな卓上花をテーブルの中心に据えた。

兜形のナプキンワークをアクセントに

日本文化を効果的に取り入れたナプキンワーク。折り紙の兜のように畳んで、兜の緒を締める結び方をした紐を添えた。張りがある素材のナプキンを使って糊を利かせると、きりりと仕上がる。食事中は、飾り結びを箸置きに。

【兜の緒の飾り結びの手順】

① 左側に紐の重なりがくるよう、ひと結びする。
② ①で作った輪の右側に、手前から奥へと紐を通して、もう一つ輪を作る。
③ ②の輪の右側で紐が重なるよう、上から下へ紐を通す。
④ 紐が重なった左右の端の上側に、中心の輪が交わる部分の紐（a、b）を、左右同時に通す。
⑤ 天の紐を押さえながら、通した左右の紐を引く。
⑥ 天と左右の輪の大きさが、等しくなるよう整える。

和洋の食器を自在に組み合わせる

日本の行事がテーマながらも、食器のほとんどは洋のものを使用。フランス製の金色のデザートプレートの上に、鎌倉彫の老舗「博古堂」の漆皿と、金魚柄が可愛らしい「ヘレンド」のポワッソンの小皿を重ねた。赤い金魚を鯉の滝登りに見立てて、上を向くようにセッティング。漆器を1枚加えたことで、ぐっと和の雰囲気になった。

【箸包みの折り方】

① 縦36×横15cmの和紙を、1/3幅に折って線をつける。別の和紙で作った5cm弱四方の正方形を上部中央に糊で貼る。

② 上辺の左右を、折れ線に合わせて三角に折る。

③ 左側を折り線通りに折る。

④ 右側も同様に折る。

⑤ 下辺から17cmを、直角に右へ折る。

⑥ 上へ折り上げる。

⑦ 右に出ている部分を、包みの奥側へ折って左に出す。

⑧ 左に出た部分を三角に折り下げる。

⑨ 包みの右下の三角部の間に入れ込む。

出来上がり。下部に、調味料や楊枝が入る小さな三角ポケットがあるのがポイント。

【兜形の折形の折り方】

お赤飯のごま塩など、調味料を入れるのに便利な折り方です。今回は9.5cm角の折り紙を使用。

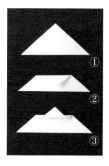

① 三角に折り上げる。
② 下辺に先端を合わせて上半分を折り下げる。
③ ②の折れ線の1cmほど下を折り上げる。

④ 角と角を合わせるように、左右を斜めに折り上げる。
⑤ 中央を左右に開いて、前立てを形づくる。
⑥ 下部分を折り上げる。
⑦ 折りあげた⑥の先を、折り下げる。

⑧ ひっくり返して裏面にする。
⑨ 左右を半分の幅に折る。

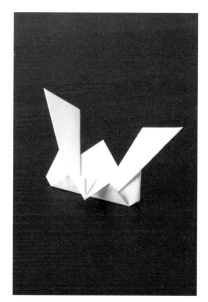

形を整えたら完成。

101

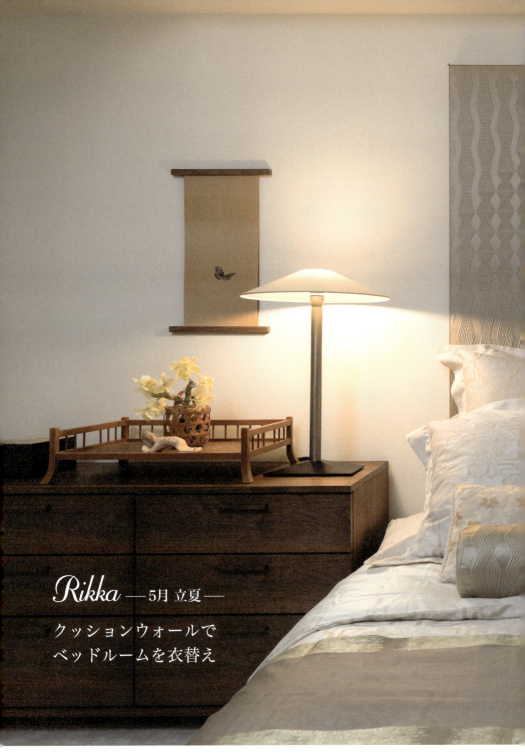

ベッドの上のアイテムは、就寝時に使うピローの他、65cm角と横長の小型クッション、ボルスタークッションが基本。上の写真の夏向けも、前のページの冬仕様も、ベッドリネンは「イヴドローム」製。上質な素材感が寝室にリュクスな趣を醸し出す。

季節で表裏を替える
クッションウォール

初めは木のパネルの片面だけをクッションウォールにしていたが、気分を替えたいと考えもう一方にも布を張って両面仕様に。写真左は、凹凸で模様が表現された光沢のあるウォームカラーの秋冬用。右は、地色のグレーに抽象的な柄が描かれたクールカラーの春夏用。どちらも生地は「ピエール フレイ」製で、「トミタ」で製作してもらった。

　起床しベッドを整えることから私の一日は始まります。帰宅してベッドに入った際に"あぁ気持ちいい"と思えるように、どんなに慌ただしい朝でもベッドメイキングだけは欠かしません。他人の目に触れない場所をちゃんと整えておくことは、自分自身を慈しむことでもあり、精神的な面においても丁寧な暮らしに繋がっていると考えています。

　寝室のデコレーションアイディアとしてご紹介したいのは、クッションウォールです。クッションウォールとは、壁にクッション材を取り付けて、上からファブリックを張る装飾手法。ヨーロッパでは伝統的な高級壁面装飾として邸宅やラグジュアリーホテルなどで用いられてきました。私はそのクッションウォールをベッドのヘッドボードとして壁面の一部に使って、白壁の部屋に少し優雅な趣を加えています。クイーンサイズのベッドに用いたクッションウォールのサイズは、幅約122×高さ約200cm。ベッドの大きさと部屋面積、天井高を考慮してこのサイズに決めました。壁に固定せず、動かせるパネル状にしているのがポイント。両面仕立てにして、季節に応じて表裏を使い分けています。それは、いわばベッドルームの衣替え。想像以上にがらりと部屋の印象が変わります。気分によってベッドリネンを替えていますが、クッションウォールと共布でボルスタークッションのカバーを作っておくと、統一感が出てまとまりがよくなります。ベッドサイドも季節に合わせてしつらえを変えています。

　こうした住空間のイメージチェンジは、日々の暮らしに新しい風を吹き込んでくれます。軽やかな夏服に袖を通すと心が浮き立つように、インテリアの衣替えによって日常生活に新鮮味がもたらされるのです。

木製の板を土台にしたパネル状のクッションウォールは、簡単に表裏を返すことができる。

Autumn & Winter

ベッドサイドには心落ち着くデコレーションを

テーブルランプの柔らかな光に照らされているのは、穏やかな眠りへと誘（いざな）ってくれる心落ち着くデコレーション。祖父が大切にしていた中国の人形を、いつもお守り代わりに寝室に飾っている。壁面には、京都の「てっさい堂高台寺店」で出会った古画を、「リビング・モティーフ」で見つけた絵の天地を棒で挟んで飾れる道具で壁に掛けた。

ベッドの上に掛けたベッドスローは、金糸が織り込まれた少し透ける生地。輸入インテリアファブリックの専門店「マナトレーディング」で生地を選んでオーダーした。もう一方のベッドサイドには知人からもらった高さ2cmほどのガネーシャ像を飾って。

Spring & Summer

ベッドリネンは上質な天然素材を選ぶ

上質なベッドリネンは、空間自体に高級感をもたらすもの。さまざまなベッドリネンを経て、結局今使っているほとんどが白。とはいえ無地では味気ないので、織り模様や少しポイント柄が入ったものを選んでいる。素材はコットンか麻で、洗濯後は必ずアイロンがけを。ぴしっとアイロンがかかった清潔なベッドリネンは、最高の贅沢を感じさせてくれる。

ベッドサイドはふとした瞬間に手が当たることもあるので、エアプランツや根付きのランなど、水に挿しておかなくてもよい植物を飾っている。左右に置いているのは、直線的なフォルムが美しい「カトリーヌ・メミ」のテーブルランプ。

Shoman —5月 小満—

"蓋"があるだけで、
おもてなしのセッティングに

お客さまを招くテーブルセッティングによく使うテクニックの一つが"蓋"を取り入れることです。最初は器の中の料理が見えず、蓋を開けると小さなサプライズが起こるという演出は、日本料理で言えば"椀もの"と同じ。何が入っているのだろうという期待が高まって、わくわくした気持ちにさせてくれるのです。

　友人とともにランチを楽しむ初夏の日。私はまず、ラディッシュやにんじんといったモチーフが刺繍された「イヴ ドローム」の白いテーブルクロスを食卓に広げました。ガラス器を多く使うと爽やかで涼しげですから、ダイニングテーブルの中央には3客のワイングラスでアレンジしたセンターピースを。テーブルクロスの野菜柄に呼応させるように、ブルーベリーやミント、枝付きのプチトマトなどの食材を用いて、畑でお昼ご飯を食べているような明るく楽しい雰囲気を作りました。そして、各席に用意する前菜は、個性的なガラスの器づかいで目を引く工夫を。ガラスのデザートプレートの上にクープグラスを置き、さらにガラス小皿をのせました。もともとは別々に使っていたのですが、あるときグラスの上に小皿がぴったり収まることに気がつき、それ以来、料理やコーディネートによってはガラス小皿を"蓋"として重ねて使うようになりました。

　もともとは蓋がなかったカップに合わせて、檜で蓋を誂えたこともあります。"蓋"があることで、中に入れる料理やコーディネートの幅がぐっと広がりました。また、洋食器はある程度サイズが決まっているので、その蓋がほかの食器の口径にもぴったり合ったというのは思いがけないことでした。器は色々と組み合わせてみると意外な発見があったりするものです。固定観念にとらわれずに、手持ちの器の使い方を少し変えてみるだけで、新たなコーディネートが生まれます。

グラスの足元にはブロッコリースプラウトを。「オレフォス」のクープグラスには冷製スープ、小皿にはゼリー寄せを盛った。

ガラス小皿を蓋の代わりに

デザート皿、クープグラス、小皿のガラス器3つを重ねて。本来は別のアイテムを、組み合わせて一体化させた。高さのある脚付きのグラスがエレガントな雰囲気を演出する。小皿の料理を冷やして供したい場合は、グラスの中に氷を入れることも。

多少のサイズ違いでも
融通がきくフードカバー

コーディネートの中に、少しアジア風なテイストを加味したり、カジュアル感を出したいときに重宝しているのが、「ババグーリ」で見つけたバンダンのフードカバー。素朴な雰囲気を持つこのフードカバーは、1人用のボウルにちょうどよい直径約12cmのもの。軽くてふわりと被せるデザインなので、多少口径の大きさが違っていても気にならない。

同じ口径なら一つの蓋が万能選手に

「中川木工芸 比良工房」でオーダーした檜の蓋は直径約8cm。本来は「ウェッジウッド」インタグリオのジャパニーズティーカップの口径に合わせたものだが、ほかの器の口径にも合ったため、和の趣を添えたいときの万能アイテムになっている。蓋を作ったことで、茶碗蒸しやポタージュ、デザートなど、中に入れる料理の幅も広がった。

檜の蓋が使える器色々。右上から時計回りに、「カルテル」のプラスチックピッチャー、パリで出会った「ベルナルド」のカップ、「ヘレンド」と「ベルナルド」のチャイニーズティーカップ、「エルメス」のグラス。

Boshu —6月 芒種—
紫陽花を主役に雨の日を楽しむ

私たちが暮らす日本には四季があり、巡りゆく季節の中に、心の琴線に触れる美しい景色が息づいています。梅雨の時季。雨が嫌いだという方も多いと思いますが、雨の日だからこそ感じられる美しさにハッとすることがあります。この時期は毎年、紫陽花で有名な鎌倉の明月院を訪れるのですが、最高にきれいなのは雨の日。さしていた水色の傘越しに見た、あの日の景色は特別に印象深くて何年たってもずっと心に残っています。

そうした記憶に刻まれるような美に感動する経験は、テーブルコーディネートやインテリアスタイリングに、オリジナリティを加味するエッセンスとなります。雨の季節は、外出するよりも家で過ごしたくなるもの。雨音に耳を傾けながら、私は大好きな明月院の庭を思い浮かべて紫陽花を主役にしたデコレーションを楽しみます。澄んだ神秘的な雰囲気がある明月院の紫陽花は、ほとんどが青一色。ですから、友人たちと食事を楽しむためのリビングダイニングには、清らかなブルー＆ホワイトの紫陽花をふんだんにあしらって。テーブルには、梅雨空を思わせるグレイッシュなブルーのテーブルクロスに、絣模様のトップクロスを重ねてしっとりとした雰囲気を纏わせてみました。和の趣を添えているのは、秋田の樺細工で縁取られた杉の折敷や、鎌倉彫の漆器、京都の竹籠や高野槙のワインクーラーといった、日本の伝統工芸の技が光るアイテムたち。そして、効果的な輝きをもたらすガラスの花器や食器などで、梅雨の合間に光に照らされてきらめく雨の雫を表現しています。日日是好日、雨の日も悪くない。そんな気分のデコレーションです。

「公長齋小菅」の小さな籠に紫陽花を一枝挿し、各々の折敷の角に飾った。

複数の花器を並べてダイナミックに

テーブルの中央に、複数の花器をライン状に並べて紫陽花をアレンジ。一個の大型花器に形よく生けるのはテクニックが必要だが、適度なサイズの花器をいくつも並べる方法なら簡単かつダイナミックに生けられる。花色は青と白に絞って花器で色をプラス。色ガラスは茎の部分が目立たない利点もある。ガラス花器とキャンドルホルダーは「ディオール メゾン」のもの。

雫の輝きのように使うガラス器

雨の雫がきらめく儚い美しさを表現するのに欠かせないのがガラス器。アペリティフの梅酒を注いだのは、「木村硝子店」のウィスキーのテイスティング用グラス。蓋を開けると梅の爽やかな香りがふわりと広がる。線状の凹凸が糸雨を思わせるボウルは、ローマの食器店で見つけた「カルロ モレッティ」のヴェネチアングラス。水にくぐらせた木いちごの葉が涼感を呼ぶ。

夏は冷製スープでスタート

おもてなしシーンでよく作るのが、母の得意料理だったアボカドのスープ。夏は冷蔵庫に入れて冷製に。ガラス器と冷たいスープは、目にも涼やかな好相性の組み合わせ。あたりの柔らかな水牛の角製のカトラリーを合わせて。

◆アボカドのポタージュ
【材料】10人分
・ポアロー（リーキ） 80ｇ（薄切りにする）
・じゃがいも 小3個(皮をむき薄切りにして水にさらしておく)
・セロリ 1/2本(薄切りにする)
・スープストック 8カップ
・パセリの茎 適量
・ローリエ 1枚
・アボカド 正味200ｇ(適当な大きさに切る)
・生クリーム 100cc

【作り方】
① 鍋を火にかけバター（材料外)を入れ、薄切りにしたポアローとセロリ、水を切ったじゃがいもを炒める。
② ①にスープとパセリの茎とローリエを加えて30分煮込む。粗熱を取り、パセリの茎とローリエを取り出す。
③ ②とアボカドをハンドブレンダーやミキサーで、なめらかになるまで混ぜ合わせる。
④ 生クリームを加える。味をみながら、塩適量(材料外)を加えて味をととのえる。

サラダボウルをクーラー代わりに使う

丸テーブルに用意したのは、冷たい睡蓮茶。スウェーデンの「コスタ ボダ」の大きなサラダボウルをクーラー代わりにして、さりげなく木いちごの葉を挿した。たっぷりと氷が入ったガラス器は目にも涼やか。

グラスと照明を一体化させて陰影を演出

涼やかさを演出するおすすめの花材の一つがグラス類。ペンダントライトをグラスで囲むと、グラスの間から漏れ出る光が趣ある陰影を描く。ほかの照明は落とし気味に。夜はもちろん、ほの暗い雨の日なら昼間でもムーディな雰囲気を楽しめる。

トレースタンドを花あしらいの場にする

「アトリエ ジュンコ」のスタンドの上に、「ディオール メゾン」の樺材で縁取りされた杉のトレーをのせて、ウェルカムフラワーを飾った。トレースタンドは、さまざまな用途や場所に使えて重宝している。

紫陽花×青楓で和の庭のように

手前の流木のキャンドルスタンドに苔玉に挿した青楓を置き、奥の銀色のフラワーベースに紫陽花を挿した窓台のアレンジメントは、明月院の庭で見た一場面をヒントにしている。青楓の枝は下へ流れるように生け、後ろからふんわり紫陽花をのぞかせて。

窓台のアレンジには白系、ハンギングは青系と、紫陽花の色を変えている。

ガラス花器を窓辺にハンギング

雨に濡れて潤いに満ちた窓の外の緑を写しながらきらめいているのは、「フウガ」で見つけたレインドロップ形の小さなガラスのフラワーベース。カーテンレールの金具から透明なテグスで吊るし、1枝ずつブルーの紫陽花を生けた。不思議な浮遊感が楽しいデコレーション。

Geshi ─6月 夏至─
夏の花あしらいは
一花、一葉で

インテリアデコレーションにおける植物の力は、とても大きなものです。空間を生き生きとさせるとでも言いましょうか。あるとないとでは全く場の空気感が違ってきます。梅雨時期から夏本番となる頃は、花屋さんに並ぶ花材の種類が一年で最も少なくなると言われています。暑さが厳しくて望む花材が手に入りにくい夏場はグリーンや苔を上手く取り入れ、シンプルに一花、一葉だけで、インテリアに涼やかさをもたらすアレンジを楽しんでいます。

昔訪れたバリ島のアマンダリからインスピレーションを得た夏のリビングルームのデコレーションも、一葉を効果的に使います。丸テーブルに巨大なヤシやセローム、モンステラなどの葉ものを、ソファに腰掛けた際に見上げるように高さをもたせて生けるのがポイント。たったそれだけで、不思議とリビングにリゾートのような雰囲気が広がるのです。大きな葉であっても、1枚なら全く圧迫感はありません。私が愛用している筒形の花器は、茎の様子を気にしなくてよい色柄のあるガラス製ですが、透明な場合は茎が隠れるように内側に葉を巻くのも一案です。パーソナルソファに置いたクッションにはペイズリー柄が刺繍されたカバーを掛けて、鮮やかなトルコブルーをコーディネートのアクセントにしました。このカバーはフランスらしい色彩が気に入って、パリで求めたもの。全てをアジアのものだけでまとめず、程よく洋のテイストをミックスさせることで、ラグジュアリーリゾートの洗練された印象を作りました。ソファに座ってくつろいでいると、楽しかった旅の記憶がよみがえってきます。

頭上に葉が広がるようビロウヤシを生けている。卓上には旅のお土産として買い求めた団扇を置いた。

123

苔を使ってみずみずしく涼やかに

黒釉のボウルと、灯籠形の「リヤドロ」のキャンドルホルダーに苔を入れ、ボウルの苔に胡蝶蘭を一花のせた。清々しい苔があると、たった1輪でも洒落たデコレーションになる。作り方はとっても簡単。シート状の苔を適当な大きさにカットしてボウルや皿などに入れ、霧吹きで水をたっぷりと浸み込ませるだけ。生きた苔が入手できない場合は、フェイクのシートモスを使ってもよい。

花あしらいが習慣になる一輪挿し

生活感が出やすい場所ほど整ったホテルライクな空間にと考え、トイレやパウダールームの洗面台には花を絶やさないようにしている。決まった場所に一輪挿しを置き、あらかじめ"生ける場所"を作っておくことで、自然と花を挿すことが習慣に。定番の花材は、暑い時期や閉め切った空間であっても花もちのよいアンスリウム。トイレの壁に掛けた陶板画に描かれた女性の手元に花首が来るように生けるのがいつものスタイル。

パウダールームには小さな「ラリック」の一輪挿しを置いて。

Shichiseki ―7月 七夕―

ブルー、川、星。七夕モチーフを
重ねて遊ぶテーブル

自由にイメージを膨らませて一つの世界観を作るのは、とっても楽しいこ
と。時間に余裕があるときには、家族だけの食事であっても何かテーマを決
めてテーブルを整えます。七夕が近い週末。ロマンティックな夜空の星の物
語に思いを馳せながらコーディネートしてみました。

　特別なテーブルウェアを使うのではなく、手持ちのものを工夫しながら、
一つのテーマを表現してゆくことは、コーディネートの醍醐味。同じアイテ
ムであっても、組み合わせ次第でさまざまな趣向になるのです。この七夕
コーディネートにも、とりわけこの日のためだけに揃えたテーブルウェアは
ありません。空を思わせるブルーや、川に見立てたフラワーアレンジメント、
星形やきらめくアイテムを重ねることにより、七夕らしさを表現しています。

　織姫と彦星の物語と関連づけて使ったのは、「レイノー」のPARADISシ
リーズのデザート皿です。描かれている2羽の鳥をつがいとしてイメージを
広げてみました。絵皿は、好きな柄を選ぶ楽しみもあり、使うときにも気分
が高まります。シック、シンプルばかりでなく、色や柄に溢れた明るい世界
もテーブルコーディネートの面白さ。皆さまにもぜひチャレンジしてみてい
ただきたいと思います。こうした華やかなアイテムを上手くまとめる鍵と
なっているのが下に敷いた「ジョン ド クローム」の白いディナープレート
です。白はセッティングの基本となる色。どんな色柄も受け止めてくれて、
賑やかな柄のテーブルウェアも白が入ることで適度な抜け感が生まれます。
デザート皿サイズの絵皿であれば購入する際も冒険しやすいはず。フレーム
の中の絵や写真を替えるように、白いディナープレートをベースに、重ねる
絵皿を色々替えて楽しんでみてはいかがでしょう。

山帰来と星形の花で
天の川を表現

2人分のセッティングでも、センターピースがあるだけで特別感が生まれる。「ガルニエ・ティエボー」のブルーのテーブルクロスの上には、天の川にちなんで向かい合う席の真ん中に山帰来を一枝、流れるようにあしらった。花の形が星を連想させるキキョウやテッセンを4個のガラスコップに挿し、つるの葉の間からのぞかせている。

きらめくアイテムが
七夕気分を盛り上げる

羽根モチーフの銀色の箸置きと、大吟醸が注がれたグラスに浮かべた「箔一」の食用金箔で、星のようなきらめきをプラス。着席して食事が進んでいくと手元の細かい所にも目が留まるもの。小さな部分にも、その日のテーマに沿うアイテムを重ねてゆく。

籠に葉を敷いて器として使う

素朴な素材感の籠を加えると、全体がリラックスした雰囲気になる。「ディオール メゾン」で見つけた星形の籠には、グリーンを敷いて中に前菜を盛ったガラス器を入れた。食器は円形のものが多いので、星形のように変わった形が入ることでテーブルに変化がつく。

絵を描くように楽しみながら、センターピースの花あしらいを製作。天の川をイメージしたセンターピースを中央にして着席する。

Napkin Folding Ideas

お洒落なナプキンはテーブルの名脇役

　席に着いたゲストがまず手にするナプキンは、意外と目に留まります。畳み方や飾り方を工夫したナプキンワークは、会話が弾むきっかけにもなるテーブルセッティングの名脇役。ちょっと物足りなさを感じるときや、高さを加えたいときにも活躍します。

　テーブルコーディネートというものは、実にさまざまな素材で成り立っています。陶磁器や金属、木工製品、布、花といった多彩な素材を組み合わせて、テーブルの上の世界を作れるようになれば、インテリアのスタイリングにも、その感覚やテクニックが生きてきます。私も、テーブルコーディネーターとしてキャリアをスタートし、現場でのさまざまな要求に応じていくうちにどんどん範囲が広がり、テーブルまわりのみならずインテリアのスタイリングまで手掛けるようになりました。そんな"素材の組み合わせ"を遊ぶ、手軽で小さな第一歩が、リボンやタッセルなどの小物や、ハンドメイドしたナプキンリングを加えたお洒落なナプキンワークです。

　それぞれの席のナプキンがちゃんと整えられているだけで、テーブルの上におもてなし感が生まれます。ここではカジュアルなシーンにぴったりな、簡単に取り入れられてオリジナリティを感じさせる工夫があるアレンジ方法をご紹介します。リボンやペーパーは、アジアンスタイルならば更紗柄、和の雰囲気にするのなら和柄や和紙といったように、コーディネートのイメージやテーマカラーに合わせて、お好みのものを使ってください。試してみると、きっと小さな布一枚でプレートの上の表情が変化する面白さを発見することができるはずです。

極太リボンのナプキンリング

お気に入りの極太のリボンを直線縫いするだけで完成。縁にワイヤーが入ったざっくりとした麻地のリボンは、「アトリエ ジュンコ」で扱っているインポートもので、カジュアルなセッティングに合う。素材や色柄で雰囲気が変わるので、色々なリボンで試してみたい。

【作り方】
① 極太のリボンを、柄が正面に来るように調整しながら約23cmの長さに切る。
② 片方のリボンの端を約1cm幅の三つ折りにして、もう一方の端を挟んで輪にする。
③ 色や太さがリボンと合う縫い糸を選んで、②を直線縫いする。今回は麻糸を使用して帆布用の太い針で縫った。

レースリボンをコサージュ風に

前ページの極太リボンのナプキンリングの作り方を応用し、コサージュ風の飾りをつけてエレガントさをプラス。飾りの部分はくしゃくしゃっと自然な感じにまとめてボリュームをもたせて。ナプキンはあえてきっちりと折り畳まずに通してカジュアル・リュクスな今どき感を演出。

【作り方】
① 太いリボンを約17〜18cmの長さに切って輪を作り、直径5cm程度になるように縫う。
② 約20cmのリボンの端を三角に折った後、不規則な屏風畳みにして、縫い留める。
③ ①の縫い代が隠れるよう、②を縫い付ける。

【作り方】

① 裏側を表にして上半分を真ん中で三角に折り下げ、左右の角と下の角が合うように折る。

② 下3分の1程度を裏側に折り返す。

③ 左右を裏側に折り返して、シャツの襟のようにする。

④ 真ん中の合わせ目を左右に開きながら襟の形を整え、襟の内側にタッセルを置く。タッセルの代わりにリボンを結んでもよい。

シャツ形に小物をプラスして

ナプキンの素材や色柄、プラスする小物でさまざまな表情を作れるアレンジ。今回は、麻のシャツを羽織ったリラックスした雰囲気だが、チェック柄ならはつらつとした印象に、白いナプキンに黒いリボンでタキシード風にすることも。着せ替え人形気分で楽しめる。

色柄合わせが楽しいナプキンリング

角度をつけて切り込みを入れるだけで作れる、ペーパークラフトのカジュアルなナプキンリング。インドの更紗模様がプリントされた紙で作ると、テーブルにアジアンな趣を加えるアクセントになる。コーディネートに合わせて使う紙の素材や色柄を変えて楽しむ。

【作り方】

① 紙を幅約4cm×長さ約42cmに切る。
② 柄を外側にして、半分の長さに折る。
③ 糊で貼り付ける。
④ 右端から約3cmの位置で、下から60°の切り込みを約3cm入れる。左端は上から同様の切り込みを入れる。
⑤ 上下の切り込みを差し込み輪にする。

ループタイ風ナプキンリング

リボンを蝶々結びするだけでもナプキンリングになりますが、さらに一工夫。厚紙で留め具を作ってベルトのような作りに。襟形に畳んだナプキンにあしらうと、ループタイ風のナプキンワークが完成。席順が決まっているなら、厚紙にゲストの名前を記しておいても。

【留め具の作り方】

① 使いたいリボンの太さに合わせた2か所の縦穴部分がある、好みの型を作る。型を厚紙に書き写す。今回は、縦約4.2cm×横約5.8cmの楕円形にした。

② ハサミやカッターで厚紙を切り抜き、リボンを通す。厚紙の裏面に、リボンの端を両面テープで留める。
③ もう片方のリボンの端をベルトのように通して輪を作り、余分な長さのリボンをカットする。

【襟形ナプキンの畳み方】

① 三角に折り上げる。

② 下約5cmを、奥へと山折りする。
③ 蛇腹になるよう、さらに谷折りで手前に折る。

④ 裏返して、両端を中心に寄せながら襟の形に整える。厚紙の留め具を通す。

Shosho ―7月 小暑―
真夏はアジアンスタイルで涼やかに

Shosho

　真夏の暑さの中での、思いがけない涼しさは格別に心地よいものです。夕風や夜の冷気に触れてほっとする"涼"もあれば、音や視覚で"涼"を感じることも。夏のインテリアのスタイリングやテーブルコーディネートに欲しいのは、五感で感じられる涼やかさ。私はラグジュアリーリゾートをイメージさせるアジアンスタイルで、リラックスした憩いの空間を作ります。そしてキャンドルや照明によって"影"を効果的に使ったり、"水"の存在を強調したりすることで涼感を表現します。

　知人を招いてランチを楽しむ夏の日。私は、センターピースとしてキャンドルとシダを使ったキャンドルホルダーを作りました。強い日差しの中の緑陰が目に清々しく映るのと同じように、キャンドルの光とそれを遮るグリーンで影を作ると、テーブルに涼感が漂います。陰影を愛でる東洋的美意識に心を向けた演出です。周囲にも、葉っぱで包んだガラスコップの中に入れたティーキャンドルで小さな光を配置。キャンドルの揺れる炎がムーディな雰囲気を作り、まさにアジアンリゾートにいるかのような気分へと誘います。

　照明にもひと工夫を。クリスタルのペンダントライトの下にテーブルを置き、照明のすぐ下に広がりをもたせてシダを生けました。そうすることで現れるのは、木漏れ日のように繊細な陰影。水を湛えたボウルの卓上花もまた涼しげです。コーディネートに使う色は、テーブルやチェア、漆器などのダークカラーと、優しいエクリュカラーでまとめました。色数を抑えることが、より洗練された今様のアジアンスタイルに仕上がる秘訣です。アジアン・ヒーリングミュージックをBGMにして、訪れたゲストとともに非日常の世界への束の間の逃避行を楽しみます。

　　　　　　　　　　　　大小の北欧製のガラスの花器を重ね、間
　　　　　　　　　　　　に水を張ってシダと小花をあしらった
　　　　　　　　　　　　キャンドルホルダー。ガラスボウルなど
　　　　　　　　　　　　を使っても。

国や様式を超えたミックススタイルで

お椀や動植物の文様が彫られた漆のマットはミャンマー製。刺繍が施されたプレースマットは、フィリピンのピーニャと呼ばれる布。素朴な趣があるアジアのアイテムに、唐津の器作家である中里太亀さんのお皿や、イタリアのムラーノ島で作られたグラスをプラス。テーブルコーディネートは、色が調和していれば思いの外まとまる。国や様式が違うから合わないと決めつけず、色々と試してみることが新しいアイディアに繋がる。

ナプキンリングで
ペーパーナプキンもお洒落に

日常やカジュアルなおもてなしでは、ペーパーナプキンを使うことも多い。レースを輪に縫い合わせたナプキンリングはパリの雑貨店で見つけたものだが、お好みの手芸用レースで手作りすることもできる。白いナプキンに、繊細なレースがアクセントをつける。

コップに葉を巻くだけの
キャンドルホルダー

ガラスコップの内側にティーキャンドルを入れ、外側にタニワタリをぐるりと巻きつけて端を竹のピックで留めた。キャンドルの炎に照らされ葉脈が透ける様子は何ともロマンティック。適当なガラスコップがない場合には、空き瓶などを利用してもよい。

小さな暮らしに最適な掛け花

掛け花は、柱や壁があれば飾れるので、限られたスペースに花を飾るのに最適。竹工芸作家・松本破風さんの竹花入は現代的なシャープさを感じさせる作風で、どんな花材を入れても絵になる。夏はシダ植物を生けて、清々しい和の趣を楽しむ。

濃い色の花を
空間のアクセントに

優しい色合いだけでコーディネートすると、全体がぼんやりしてしまうことも。どこか1か所、強い色彩のアクセントがあるとメリハリがつく。収納棚の中の黒を背景にこっくりとしたピンクの花が浮かび上がる胡蝶蘭と太藺のアレンジで、空間の印象を引き締めた。

水盤に生ける玄関先の迎え花

ゲストを出迎えるエントランスの大きなシダ。床置きできる水盤は、飾り台などがない場所でも花材を飾れて倒れる心配もない。白い石を花留めにして、その上に母の形見の亀の置物を置いた。下に敷いた「MUNI CARPETS」の敷物は蜀江文(しょっこう)。

ジンジャーを水生植物のようにあしらう

目に涼やかな睡蓮などの水生植物は、水揚げにテクニックが必要で花持ちがよくないのが難点。そこで花材にジンジャーを使用。花首だけをカットし、水に浮かんでいるかのように見せた。倒れないよう、テグスで石に固定して。優しい乳白色の鉢は、クリスチャンヌ・ペロションさんの作品。

照明＋グリーンでテーブルに美しい陰影を描く

リビングダイニングのペンダントライトは「バカラ」製。千の夜という意味を持つ「ミルニュイ」と名づけられたデザインで、幻想的な光の広がり方が特徴。照明の真下にグリーンを生けて卓上に陰影を作った。「アトリエ ジュンコ」の透け感のあるトップクロスが、さらに涼感を高めている。

数日間のお休みが取れると、私は愛犬のクロベエを連れて、富士山を望む自然に囲まれた避暑地へと車を走らせます。別荘では、林の中で薪を集めたり、散策しながらふと思いついたガーデニングに挑戦してみるなど、自然と遊ぶように過ごしています。ウッドデッキのテラスには屋外用テーブルがあるのですが、天気がいい日はそこにクロスを広げてクッションを置き、アウトドアリビングをしつらえて。そよ風を感じながら食事をしたり、ぼんやり空を仰ぎながらお茶を飲んだりしています。また、周囲に咲いているたくさんの野の花を摘むのも楽しみの一つ。ハサミを手に集めた花や実、葉っぱで卓上花をアレンジしていると、童心に返ったような気持ちになれます。

　両親が夏を過ごしていたこの別荘にはたくさんの思い出が刻まれており、亡くなった母の食器も一部残っています。夢のあるメルヘンな世界が好きな人でしたから、別荘の建物もヨーロッパの山小屋風、残された器もロマンティックなテイスト。ですから、ここで過ごすときには、普段はあまり試さないような甘くノスタルジックな雰囲気のコーディネートをしたくなります。30年以上前に初めて母と2人でパリに行って一緒に選んだフルーツ柄のプレートは、トレンド感のあるデザインのプラスチック製テーブルウェアと組み合わせて。古い伊万里は洋食器に重ねて。新旧や和洋をミックスしながら、ふんわり優しいイメージに仕上がった野の花のアレンジとともに屋外のテーブルにセッティングしてみました。

　懐かしい記憶と木々の緑に包まれた別荘で、清々しい空気を深く吸い、木漏れ日の下で鳥のさえずりに耳を傾けていると、気分がリフレッシュして肩の力が抜けていくように感じます。

テラスのテーブルで野の花を生ける。
心地よい自然の中にいると、おのずと
笑顔が溢れる。

水揚げ中のバケツいっぱいの草花
に、興味津々なクロベエ。別荘に
行くときはいつも一緒に。

素材とデザインで
今どき感をプラス

優しい色彩とレリーフでフルーツ柄が表現された「オー バン マリー」のプレートは30年前に購入したもの。「カルテル」のプラスチック製のグラスやアースカラーの器をプラス。屋外に向く現代的な素材感とデザインを加えたことで、古さを感じさせない朝食コーディネートに。

自然と調和する
洗いざらしの風合い

自然と近い場所には、洗いざらしのような風合いが似合う。別荘ではイタリアの老舗ファブリックメーカー「ソサエティ」のテーブルリネンを多く愛用。テラスのテーブルに広げたのも、その中の一枚。実家で使っていた「ダンスク」の古いカトラリーにナプキンをひと結びしてカジュアルにセッティング。

Taisho

伊万里の器は洋食器に重ねて
カジュアルモダンに

手軽な染付や印判の伊万里の器は、「ロイヤル コペンハーゲン」や「リチャード ジノリ」のブルーの絵付けがされた洋食器と合わせて。ブルー＆ホワイトに、アクセントで朱色が入ると華やかになって全体が引き締まる。母が好きだったこのカラーリングは、和洋折衷コーディネートの永遠の定番。絵柄や形が揃っていない骨董の器は、下の洋皿を統一するとテーブルセッティングとしてのまとまりが出る。（写真は廃番商品も含む。）

屋外テーブルの必需品、クロスウェイトを手作り

アウトドアリビングに欠かせないのが、テーブルクロスが風で翻らないよう四隅につけるクロスウェイト。南仏の見本市で購入して使っていたクロスウェイトのデザインをもとに、砂がこぼれ出る難点を改良して手作りした。バラ柄のクッションとクロスは、「マニュエル カノヴァス」製の生地で「トミタ」で誂えたもの。

【作り方】
① ビニールで砂約30gを包んで縛り、重りを作る。
② 市販のカーテンクリップのフックに両面テープを貼り、上から麻紐を巻きつける。
③ ②のフックの先から、麻紐が長さ5cm程度下がるようにして、先端に結び目を作る。
④ 生地を約12cm四方の正方形に断ち、①を中に入れて四角錐型に折る(型紙を作り、折れ線を生地に写してアイロンをかけておくと、スムーズに作業できる)。
⑤ 四角錐の先端に③の結び目を入れて4辺を縫う。

シルバーリーフでテラス周りを明るく

今回、初めてガーデニングをして、ウッドデッキテラスのすぐ脇に植えたのは明るいシルバー系のグリーン。木々に囲まれた環境や建物の雰囲気などを、写真を見せながら専門家に相談。寒冷地に向き、日陰やダークな色味を背景にすると美しさが際立つシルバーリーフを中心に苗を選んだ。

クッションテーブルで優雅にひと休み

庭仕事の途中、石の上にクッションテーブルを置いてひと休み。クッションテーブルは、屋外や車中でちょっとした台になるものをと考えて「トミタ」で誂えたオリジナルアイテム。板状のウレタンに着脱式カバーが掛かっている。軽くてあたりが柔らかいので、ソファに腰掛けながら膝の上で読書をしたりノートパソコンを使うときにも活躍。

Risshu —8月 立秋—
旅気分へと誘うエキゾチックテーブル

Risshu

　自分らしいコーディネートとは何かを考えたとき、旅の記憶が一つの鍵になると考えています。未知の風景や文化に出会える旅は、さまざまな感動を与えてくれます。素敵だと思った"もの"や"こと"をしっかりと記憶に刻み、ときには写真を撮って記録。それをインスピレーションの源にして自分なりに表現してみることは、オリジナリティのあるコーディネートへ繋がります。親しい友人が集まる気軽なパーティの日。私はたった一度ですっかり魅せられてしまった、インドの旅の記憶を引き出してみました。

　インドではタージマハルの壮麗さにうっとりし、ジャイプールの手工芸品に心惹かれ、タージホテルのインテリアにたくさんの学びを得ました。強く印象に残っているのは、柄に柄を合わせた濃密な世界観。そして、薄暗い光の中で見た金色がとてもシックでゴージャスに感じられたことでした。そのときの印象をテーブルに再現。全面に更紗柄が描かれたテーブルクロスの上に、金色のリムが華やかなディナープレートを置き、さらにもう1枚金色のプレートを重ねました。そして一番上には、螺鈿の花模様がきらめく石製の小皿を。異なる柄同士を組み合わせるのは難しいように思うかもしれませんが、赤・ピンク・金とテーマカラーを立てることで収まりがよくなります。

　インドで宿泊した、マハラジャの旧邸宅を改装した宮殿ホテルの伝統を感じさせる重厚で豪華な空間は、私に鮮烈なインパクトを与えました。インドに限ったことではありませんが、各国の洗練されたホテルのインテリアは参考になることが多くあります。水盤を使った花あしらいは、泊まっていたランバーグ・パレスのロビーや回廊などを彩っていた花から着想を得ています。スパイシーな香りが立つカレーを頂きながら、しばしインドへの旅気分を味わいましょう。

金のリムのディナープレートは「レイノー」のサラマンクシリーズ。一番上の石製の小皿は、アーグラの大理石店で出会った。テーブルクロスは、「トミタ」で扱っているフランスの「ブラクニエ」のコットン製インテリアファブリックで仕立てている。

「レイノー」のPARADISシリーズのシュガーポットに入れて供したのは、グリーンカレーと、ベトナム風トマトカレー。パクチーサラダを盛った奥の金属製のボウルは、昔「ダナ キャラン ニューヨーク」で見つけたもの。

美しいと感じた情景をヒントにして

「フリッツ・ハンセン」の陶器のキャンドルホルダーにジンジャーの花首をぎっしり並べた卓上花は、インドのホテルで見た大きな鉢いっぱいに浮かべられたプルメリアの花から思いついたもの。ロビーの花あしらいを参考にしたのは、トレースタンドの上のユニークな枝のラインを強調したアレンジ。銀色の水盤の中にフローラルフォームを入れ、高低差をつけながらダリアと枝ものを挿した。

ボーダー状に壁を飾る
ファブリックパネル

ジャイプールと名づけられた生地で横長パネルを製作し、白壁をインドテイストにデコレーション。ゾウやトラなどがプリントされた2枚のファブリックパネルを隙間なく並べて飾ることで、壁面にボーダー状の模様が描かれているように見せている。パネルは、イギリス「ゾファニー」の厚手のコットン生地を使用して「トミタ」でオーダーした。

家具の印象を一変させる
布の魔法

インドスタイルに合わせて誂えたのは、ダイニングチェアのシートとクッション。ファブリックパネルと同じジャイプールシリーズのベルベットとグレーの生地で両面が使えるように仕立てた。見慣れたチェアが全く新しい表情に。シートのずれ防止のためのタッセルがゴージャスな趣を奏でる。

Shosho ──8月 処暑──

コーディネートの仕上げは
美しいカトラリーで

カトラリーは小さいながらも、テーブルコーディネート全体の印象を左右する大切なアイテムです。我が家の食器棚の中には、ベーシックなものから、用途が限られた遊び心がある個性的なものまで、いくつかの種類が入っていて、その時々のコーディネートに合わせて使い分けています。

　きちんとしたカトラリーを揃えようと思った29歳のとき。最初に選んだのは、フランスのシルバーウェアの老舗「クリストフル」のものでした。「クリストフル」のカトラリーは、程よい重さがあって持ちやすく、美しい輝きでテーブルに華やぎをもたらしてくれます。色々なシリーズがありますが、私はカジュアルにもエレガントにも使えるデザインのシノンシリーズを選び、ディナーナイフ、ディナーフォーク、デザートスプーン6本ずつを揃えました。私流のおもてなしに必要なのは、まずはこの3種類だと考えたのです。スプーンは、食事をする際の口当たりや家庭での使いやすさを考慮して、デザート用を選びました。これらは今もなお、日々愛用しています。母から受け継いだパールシリーズのケーキフォークやティースプーン、たどれば祖母が使っていたクリュニーシリーズも現役。やはり、シルバーは永遠のものだと実感しています。

　その後、器や料理によって合わせるカトラリーが必要になり、徐々に買い増していきました。中でも日常使いやカジュアルなおもてなしで活躍する機会が多いのは、上質なステンレス製のもの。どんなに素敵な器でも、そぐわないカトラリーではコーディネートが台無しになってしまいます。カトラリーにまで気を配ることが、美しい食卓を作る決め手になるのです。

母から受け継いだ
ケーキフォークと
ティースプーン。

最初に揃えた「クリストフル」のシノンシリーズ。使い勝手がよいシルバープレイテッドは、おもてなしの日にも普段の日にも活躍する。

肉料理で活躍する
ステンレス製カトラリー

カジュアルなシーンでよく使っているのはステンレス製のカトラリー。購入するときには全て6人分ずつを揃えている。写真は肉料理のときによく使っているもの。切れ味のよさと蜂のモチーフで知られる「ライヨール」のナイフには、マットな質感が調和する「エルメス」のフォークを合わせて。

各国らしさに富んだデザインを名脇役に

国によって形や装飾の雰囲気が違うのも、カトラリーの面白いところ。デザインの個性を見極めてコーディネートに生かしている。写真右のイギリスの前菜用カトラリーは、繊細な装飾で食卓に優雅な趣を添えてくれる。写真左は別荘で使用しているデンマーク「ダンスク」のカトラリー。シンプルなフォルムがカジュアルな食卓に溶け込む。

場を盛り上げるユニークな専用アイテム

決まった用途を持つユニークな形の専用のアイテムは、場を盛り上げるカンバセーションピースになる。アスパラガス形のトングや、ムール貝をつまむためのグッズ、そしてイギリスアンティークのピクルス用銀器やピクルスフォークなど。シンプルな料理が、遊び心のあるアイテムによって印象的な一皿に。

レンゲは料理ジャンルを問わずに使う

レンゲは欠かせないカトラリーの一つ。硬い金属が当たるのが気になるガラス器などには、漆や水牛の角で作られたものを使用。麺や汁ものなどの料理でオーソドックスな使い方をするばかりではなく、前菜を盛ったレンゲを大皿に並べて供したり、銘々皿にのせて調味料を入れたりと、自由な発想で使っている。

Hakuro —9月 白露—
テーブル2台で心を伝える
初秋のティータイム

ティーパーティやワインパーティで自宅にお客さまを招くときには、部屋のどこか1か所にその日のテーマに合った華やかなデコレーションがあると、おもてなし感が格段にアップします。我が家でそういった空間づくりをする場合、2台のテーブルを使います。楕円形のダイニングテーブルは主に食事をする場に。丸テーブルはウェルカムの気持ちを込めて、ゲストの視線を集めるような高さのあるデコレーションを施します。私が愛用しているのは直径105cmの丸テーブルですが、もっと小さなサイドテーブルやトレーテーブルを使ってもよいでしょう。もしくは、床すれすれの丈のテーブルクロスを掛けると脚部分は見えませんから、何か台になるものの上に円形の天板をのせて代用するのも一案。2台のテーブルが別々の印象にならないようにトータルでコーディネートを考えて、部屋全体をおもてなし空間にします。

　昼下がりのティータイムに、私は窓辺に配した丸テーブルに高さのある「エルキューイ」のプティフールスタンドを置き、お菓子と花あしらいを一体化させたデコレーションを作りました。スタンドの中心部分にフローラルフォームを置いて花や葉を挿し、まるで自然の木々から鮮やかな果物を収穫するように、卓上の小さな花あしらいからお菓子を選び取る趣向です。今日は、まずテーブルクロス、次に花あしらい、最後に食器という順番でコーディネートを組み立てています。ときと場合によってその順番は異なりますが、過度に装飾的だと疲れてしまうので一方が派手ならもう一方は控えめにというふうにバランスを調整。きちんとしているけれど、どこかリラックスした雰囲気でゲストをお迎えします。

テーブルの下から、クロベエも
ゲストをお出迎え。

色の取り合わせで季節感を表現

紅葉の頃には黄色や赤といった色もよいが、9月にはまだ少し早い。紫色のクロスに、花あしらいで爽やかなグリーンを取り合わせて、夏の名残を感じさせる初秋らしさを演出してみた。こっくりとした深みのある紫は大好きな色の一つ。その高貴な色は、大人のエレガンスや上質感を感じさせる。

白磁で軽やかな"抜け感"をプラス

かしこまりすぎず、くだけすぎないように。バランスを考えながらの調整は、ファッションを楽しむ感覚に通じている。スナックセットと呼ばれる、ソーサーが取り皿になって立食パーティにも向く白磁の器を合わせて、コーディネートの中に軽やかな"抜け感"を作った。

幅広生地でテーブルクロスを誂える

ライトグレーのテーブルクロスは、「トミタ」で生地から誂えたもの。海外製のインテリアファブリックは幅150cm以上のものが多く、多くのお店で1mから購入可能。テーブルに合った長さの生地の4辺を縫うだけで作れる。アイロンや洗濯といったお手入れ方法を考慮して生地を選ぶのが肝心。

キャンドルホルダーを卓上花で囲む

キャンドルホルダーと卓上花を一体化させるアイディア。キャンドルの灯を覆うデザインのホルダーは安心して使え、植物をキャンドルの近くに置くことができる。花器が隠れるようフローラルフォームにグリーンを挿して、キャンドルホルダーの周囲に配置。キャンドルホルダーは、口径の広いガラスの花瓶などでも代用できる。

キャンドルホルダーを囲める適当な花器がない場合は、市販のトレー付きフローラルフォームを使ってもよい。

パーティ後はキッチンの片隅に

ゼラニウムとローズマリー、木いちごの葉を使った卓上花は、パーティの後には家の中のちょっとしたコーナーに飾って。おもてなしの役目が終わっても、シンクの脇で目を楽しませてくれる。キッチンにハーブの香りが広がって、後片づけも気分よく。

Tablecloth Ideas
コーディネートは、まずテーブルクロスから

　私にとってテーブルクロスは、部屋の雰囲気をガラリと変えることが
できる、コーディネートにとって"不可欠なもの"です。卓上にふわりと
一枚広げれば、いつもの食卓の風景がぐっと豊かな趣になり、テーブル
コーディネートの土台として食器やセンターピースを引き立てます。全
体の印象を決定づけるカラーコーディネートの主翼ともいえる役割を
担っていますから、テーブルクロスを掛け替えると、漂う空気感や印象
は一変します。

　コーディネートの力強い味方であるテーブルクロスにはとても愛着が
あり、色や柄はもちろんのこと、素材や質感、仕立て方、丈の長さなど
が違う200枚ほどが我が家のリネン庫には収納されています。中には20
年以上使っているものも。使用頻度が高く、私が基本色にしているのは、
オフホワイトやベージュ、グレー。合わせやすいので、最初の一枚とし
てもおすすめのカラーです。春から夏にかけては、この基本色に少しグ
レーがかったブルーが加わります。ジャカード織のようにさりげなく柄
が表現されている生地だと無地感覚で使えるので、トップクロスやプ
レースマットと重ねづかいできて広く活躍します。

　麻や上質なコットン素材のテーブルクロスは、基本的には自宅で洗濯
ができますし、特別なお手入れを必要とするものではありません。そし
て、驚くほどのイメージチェンジ効果がありますから、お客さまをお招
きする特別な日だけでなく、多くの方にもっと日常の暮らしの中で使っ
ていただきたいと思っています。

春夏におすすめのブルーのクロス

自然が織りなす風景にある色彩の組み合わせを使うと、コーディネートは上手くまとまる。空や水辺を連想させるブルーは、さまざまな色に調和する魔法の一色。p.112〜113で絣柄のトップクロスの下に敷いていたのも、ブルーグレーのこのテーブルクロス。

季節に合わせた素材を選んで

季節感を表現するには、生地の質感がポイントになる。秋から春までのシーズンには、ふっくらとしたキルティング加工やベルベットのような素材のテーブルクロスが掛かっているだけで、部屋全体にぬくもりが広がる。写真は「アトリエ ジュンコ」のふっくらとしたキルティング風のトップクロス。

冬になるとクッションカバーやスローも、エコファーなどあたたかみのある素材のものに替える。

トップクロスは縁部分が目立つので、生地の雰囲気に合わせて仕上げ方を変えている。右はざっくりとした生地の質感を生かしたフリンジ仕立て、左のサンゴのプリント生地は締まった印象を作る額縁仕立て。どちらも「トミタ」で仕立てたもの。

レースやオーガンジーなどの透ける素材のトップクロスは、エレガントで優しい雰囲気を作る効果がある。さらに、ベースのテーブルクロスにシミがあるときに、トップクロスを重ねて隠してしまうという裏技的な使い方もできる。

個性的な色柄はトップクロスで楽しむ

個性的でアクセントになるような色柄は、手軽に掛け替えられるトップクロスにするのがおすすめ。丸テーブルにベースとなる円形の無地のテーブルクロスを掛けておき、上のトップクロスを替えることでさまざまなコーディネートを楽しめる。トップクロスは円形でも四角でも、天板が覆えるサイズさえあればよい。

インドの民族衣装サリーを装飾するアンティークのテープを縁に縫いつけた、ウールのトップクロス。

温かな素材感があるチャコールグレーの別珍のラウンド型クロス。床すれすれの丈で優雅なドレープを楽しむ。

「トミタ」でオーダーした天板にぴったりなサイズのクロスで、和食器を使ったコーディネートがモダンな趣に。

丈の長さで印象が決まる

ダイニングテーブルは、周囲に下がる部分を20cm程度にして、着席したときに膝にかからない長さを基準にしている。デコレーションテーブルは、丈の長さによって印象をコントロール。美しいドレープが出る床すれすれの丈ならエレガントに、天板ぴったりのものはすっきり現代的な雰囲気になる。

アンダークロスやテーブルプロテクターは、テーブルを保護してテーブルクロスのドレープを美しく出すためにも、セッティングに欠かせない。愛用しているのは「アクセル ジャパン」で取り扱っているテーブルプロテクター。

屋外での食事にこそ必需品

プラスチックの折り畳み式や、屋外用テーブルであっても、テーブルクロスを掛けるだけで場が整う。そういったシーンでは、カジュアル感のある素材や柄を思い切り楽しんで。写真はどちらも、洗いざらしのような風合いが魅力の「ソサエティ」のテーブルクロス。パッと花が咲いたかのような彩り鮮やかなテーブルが、画になるひとときを演出する。

別荘などカジュアルなシーンこそ、場の趣を一変させるテーブルクロスの威力が発揮される。

179

Shubun ──9月 秋分──

重箱が主役の
和モダンコーディネート

少し肌寒さを感じる初秋は、お湯を沸かしてゆっくりと日本茶を楽しみたくなる季節。ティータイムのテーブルにも和の趣が欲しくなります。和モダンにまとめようと思ったときに、いつも私の強い味方になってくれるのが重箱。重箱というと新年やお祝い事に使うものというイメージがありますが、実はコーディネート次第では、幅広いシーンで活躍する優れものです。和食器の中でもひときわ高さがあるので、実はセンターピースとして使うのに最適。テーブルに華やぎが生まれ、“和”の空気感が広がります。

　オールシーズン使えることから、私が“通年お重”と呼んで愛用している檜の三段重は、削ぎ落とした美しさを感じさせるシンプルなもの。多種多様なコーディネートに合い、重々しくならないものをと考え、「中川木工芸 比良工房」で誂えました。熟練の職人による精緻な仕事は、テーブルの主役にふさわしい風格があります。

　重箱は、あらかじめ盛りつけておけますし、場合によっては冷蔵庫にそのまま入れておけるという機能面からも便利です。そして、蓋を開けるときの楽しみがあるのも魅力。ここでは、吹き寄せなどの秋を感じさせてくれる和菓子を入れていますが、ハレの日のご馳走はもちろん、春には可愛らしい手毬寿司を詰めたり、夏には冷たい前菜を涼やかに盛るなど、まさに“通年”重宝しています。

　私の師である故クニエダヤスエさんはかつて、「洋食器は重ねる文化。それに対して和食器は横に並べる文化」なのだと、話していました。和を感じさせつつ、洋の華やかさをもたせるためには、洋のテーブルウェアを取り入れると同時に、重ねることで高さを出すというのもポイントです。もし、フラットになりすぎているなと思う場合には、ナプキンの畳み方などを工夫してみるのもよいでしょう。

洋のセッティングの発想を取り入れる

アクリルマットの上に檜の折敷を重ね、その上にエンボスの控えめな柄が和のコーディネートにも似合う「ウェッジウッド」インタグリオのプチトレイとジャパニーズティーカップを重ねてセッティング。洋食器の"重ねる"発想でテーブルに立体感を出して。和菓子にも似合う直線的でモダンなフォルムのカトラリーは「クリストフル」製。

「ギャルリー田澤」のアクリルマットの下に、シダの葉を敷いて。檜の折敷やティーカップの蓋も、「中川木工芸 比良工房」で製作してもらったもの。

瑞々しさを与える
小さな花あしらい

水を張って小さな花をあしらえるよう、重箱の蓋や折敷に窪みを作ってもらった。今日はシダとワックスフラワーだが、桜の小枝や、紫陽花など、折々の花を添えることで季節感や趣向を表現する。豪華なアレンジメントでなくても、さりげないひと花におもてなしの心を込める日本的な美意識を宿したアイディア。

Kanro —10月 寒露—

美しくさっと片づく、
蓋を使った収納術

年を重ねてゆくと、どうしても身の回りにある"もの"は増えてゆきます。コンパクトで暮らしやすい終の住処として、今の住まいへと越してきたとき、使わないものは処分したり、使ってくださる方へお譲りしたりしました。それでも仕事柄、所有している"もの"の数は一般の家庭よりも多いだろうと思います。そんな私の、すっきり整理整頓されているように見せるための工夫のひとつが、蓋を使って片づける収納術です。

　昔からバスケットが大好きで、これまで和洋を問わずにさまざまな籠を集めました。もちろん中身に"もの"を収納していたのですが、ある日、私は気がつきました。いくら籠の中に収まっていても中身が見える状態ではインテリアとして美しくないと……。そこで一考、蓋を誂えることにしたのです。寝室に置いてある大型のバスケットは、もともとは革の持ち手がついたただの籠でした。これに、両面にツイードの生地を貼った木の板でオリジナルの蓋を製作。中を隠せるようになったので、急な来客時などにとりあえずさっと片づけたい"もの"を入れる万能収納アイテムに。蓋ができたことで見た目の空間の印象は劇的に変わりました。

　このバスケットに限らず、パウダールームや寝室、食卓など私は家のあちらこちらで、生活に必要な細々とした"もの"を、蓋がある箱や入れ物に収納しています。事細かに仕分けなくても、蓋をすれば中身が隠れるというおおらかな方法であることが、私の性分に合っているようにも思えます。そういった蓋付きのものを選ぶ際には、空間のデコレーションの一つとして映えるかを意識して。アクセントとして見せるのか、それとも部屋になじませるのかを考えて、収納もインテリアを構成する要素として捉えています。

「イヴ ドローム」の持ち手付きの籠に、「トミタ」で見つけたイギリス製の布を板に貼って、蓋をカスタムメイドした。

洗える蓋ものでホテルライクな水回りに

雑然としがちな洗面台まわりは、水で洗える蓋もので、すっきりとした印象を保っている。竹籠は日本製、マンゴスチン形の木製蓋付き小物入れはバリ製のもの。ナチュラルな素材感でまとめ、少しアジアの雰囲気を意識した。花を1輪飾り、葉っぱを模した木彫りのトレーの上に「イヴ ドローム」のハンドタオルを並べてホテルライクな水回りに。

重ねてサイドテーブルにもなる蓋付き籠

軽くて丈夫なバスケットに蓋を作ったことで重ねられるようになり、サイドテーブルとしても使えるようになった。同じツイード素材でテーブルクロスとクッションも誂えて、冬のカジュアルでほっこりとした空間を演出。持ち手がついているので持ち運びも楽々。

家具と一体化するジュエリーボックス

蓋ものの収納を、目を引くアクセントとして楽しむ方法もありますが、空間になじませるというのもコーディネート術の一つ。イタリアの「ポルトローナ・フラウ」製のジュエリーボックスは、家具と一体化するシックなデザイン。上質な木材や革の質感が美しく、存在感がありながらも主張しすぎることのない佇まいが気に入っている。

デコレーションになる箱で小物を収納

ダイニングテーブルの近くの棚に置いているのは、蒔絵の漆箱。中にはテーブル小物を収納している。こまごまとした小物は、蓋付きの箱に入れるだけで片づいて見える。菊花が描かれた塗りの小箱は昔、祖母からもらったもの。そして、草花模様の文箱は形見の一つ。とても大切なものだからこそ、しまい込まずに身近な場所で丁寧に使っている。

Halloween —— 10月 ハロウィン ——

色で表現する
大人のハロウィンテーブル

Halloween

　10月に入ると街中にハロウィンムードが漂います。日本においては、お菓子を持ち寄って仮装を楽しむ子ども向けのイベントやパーティとして捉えられがちですが、ハロウィンの起源は古代ケルト人の伝統的な季節祭サウィン。ケルト暦で新年となる日の前夜に、焚き火をして先祖に感謝し、新たな年の始まりを迎えるための行事でした。

　キャンドルの光のもとで、ゆっくりとワイングラスを傾けながら過ごす大人のためのハロウィンのテーブルはシックに。家族や友人たちと語らいながら、秋の夜長を楽しむ大人の空間です。コーディネートの土台にしたのは、ハッとするような鮮烈なオレンジ色のテーブルクロス。かつて南アフリカを旅したときにケープタウンで見つけた、手描き手染めの一枚です。深い紫色のトレーやキャンドル、ブラウンの器といったダークカラーのテーブルウェアを合わせることで、鮮やかな色彩のテーブルクロスが派手な印象になりすぎないようにしています。この配色は、昔食事に行ったパリのレストラン「エレーヌ・ダローズ」のフロアを参考にしたもの。濃い紫色の壁面の店内に、鮮やかなオレンジやピンクのチェアが置かれていて、その思いがけない素敵な色の取り合わせに、フランス人の色彩感覚はなんて洗練されているのだろうと感動しました。空間やアート、ファッションやショーウィンドーなど、素敵な配色に出会ったらしっかりと覚えておき、テーブルの上で実際に試しながら自分のものにしていく。その積み重ねが、自分のカラーセンスを養いコーディネートの幅を広げる奥義なのだと思っています。

　色で全体の雰囲気を作り、センターピースやブーツ形のナプキンワークで遊び心溢れるアクセントをつけて。そろそろ日が傾いてきました。キャンドルに火を灯してワインのコルクを抜きましょう。

異なるイメージをミックスして独創的な世界を表現

テーブルクロスが南アフリカ製であることもあり、南アフリカの地で夕陽を眺めながら屋外で食事をしたときの風景をイメージしてコーディネートを考えた。木目模様のプレート、ヒョウ柄に見えるガラス碗、木の柄のカトラリーなど、大自然を連想させるアイテムを選び、ハロウィンというテーマに"南アフリカの風景"というエッセンスを加えた。

「アトリエ ジュンコ」の角形トレーの上にのっているのは、フランス・リモージュの名窯「ベルナルド」のプレートと東 敬恭さんのガラス器。グレーがかったグラスは「アルマーニ/カーザ」のもの。

窓辺のデコレーションテーブルにもキャンドルを灯して。

ナプキンワークでデコレーションを作る

ナプキンは畳み方次第で、おもてなし感を演出する手軽なデコレーションになる。テーブルクロスとお揃いのナプキンはブーツの形に。高さが出る畳み方なので、卓上に立体感を添える。サンタクロースのブーツとしてクリスマスシーズンにも活躍する。

【ブーツ形ナプキンの畳み方】

① 裏面を表にして半分に折り上げる。
② さらに、半分に折り上げる。
③ 下辺が中央で出合うように折る。
④ さらに、左右が中央で出合うように折る。
⑤ 中央で半分に折る。

⑥ 180°回転させて向きを変え、右の端を折り上げる。
⑦ ⑥で折った部分を包むように、もう一方の端をポケットに差し込む。
⑧ 形をブーツのように整えて完成。張りのある素材のナプキンを使うのがおすすめ。

フルーツや野菜を大きな鉢やボウルに盛るだけで、テーブルに生き生きとした雰囲気が広がるセンターピースとなる。素朴な質感の木製ボウルにりんごとかぼちゃ、姫りんごを盛りキャンドルの灯をプラス。宵を楽しむ大人のハロウィンらしい仕上がりに。

翌朝は飾ったりんごをクラフティに

ハロウィンを楽しんだ翌朝は、キャンドルホルダーにしたりんごを使ってクラフティを焼いて。りんごのクラフティは、母から受け継いだレシピの一つ。オーブンから広がる香ばしい香りと焼きたてのおいしさが、幸せな朝の時間を紡ぐ。

◆りんごのクラフティ
【材料】(10インチのパイ皿1台分)
・バター大さじ4(フライパンに溶かす分と、パイ皿に塗る分合わせて)
・りんご6〜8個分(皮をむき、芯を抜き、塩水につけて5mm厚さの輪切りにしておく)
・砂糖1/2カップ
・ラムレーズン(レーズン1/2カップとラム酒1/4カップを混ぜ合わせておく)
・種(Lサイズの卵3個、砂糖1/2カップ、小麦粉1/4カップ、牛乳1/2カップ、シナモン小さじ1/4を合わせ、よく混ぜておく)
・生クリーム　適量

【作り方】
① フライパンを火にかけバター大さじ3と1/2を溶かし、りんごを焼いて砂糖をふる。
② パイ皿にバター大さじ1/2を塗り、①の半量を並べてラムレーズンを散らす。
③ ①の残りの半量を重ねて並べ、種を流し入れる。
④ 200℃に予熱したオーブンで30分焼く。
⑤ 温かいうちに、半立ての生クリームを添えていただく。

【りんごのキャンドルホルダーの作り方】

① 材料はりんごとティーキャンドル。ティーキャンドルのカップを、りんごのヘタに押し付ける。

② カップで跡をつけた円の内側を、りんごの芯取りや小さなスプーン、ペティナイフなどでくりぬく。手を怪我しないように注意。

③ カップに戻したティーキャンドルを、くりぬいた穴に入れる。

週末の朝には、普段使っているダイニングテーブルではなく、窓辺の丸テーブルに食事のセッティングをします。陽だまりの中でソファに腰掛けながらの朝食はとてもリラックスできて、ウィークデイとは違ってゆっくり時間が進んでいるように感じます。自然の雄大な風景は人の心を打つものですが、私は日常のふとした瞬間のささやかな美しさにも心を向けていたいと思っています。たとえば、タンブラーを通った陽の光が描くきらめき。テーブルの上に現れた小さな美を眺めながら、居心地のよい部屋で家族と何気ない会話を交わす。そんな穏やかなひとときは、何よりも私の心に潤いをもたらしてくれます。

　冬の気配が近づいてくる頃は、一年の中でも特に"移ろいの美"を感じます。この時期、いつも卓上に飾っているのはナナカマド。照り葉の鮮やかなグラデーションで、一気に部屋の中が秋模様になります。座ったときに見上げるくらいの高さに仕立てると、葉の広がりが邪魔になりませんし、窓からの自然光や照明によってテーブルの上に枝葉の影が落ち、まるで木漏れ日の中にいるような演出効果が得られます。その心地よい光を受け止めているのが、陰影が映える柔らかなベージュ色のクロス。キルティングのようにふっくらと織られていて、テーブルに掛けるだけで温かな趣が広がります。寒さを感じる季節になると、テーブルクロスも重厚な質感のほうがしっくりきます。質感は、思いの外コーディネートの印象を左右するもの。そのときの気候や季節にかなっていると、ワンランク上のコーディネートになります。朝食のメニューも体が温まるものを。パイをかぶせたスープがモチーフになっているユニークな形の陶器製ボウルに、あつあつのスープをよそいました。

楽しい気分をもたらすブレッドバスケット

刺繍のサンゴ柄が入ったリネンの蓋付きブレッドバスケットは、「アクセル ジャパン」とコラボレーションして開発したオリジナル製品。焼きたてや温めたパンを保温しつつ、湯気の水分を程よく吸収。パンをおいしく保って埃よけとしても活躍する。

枝もので室内に木漏れ日を作る

斑模様がレオパード柄のように見える円柱状のガラス花器にナナカマドを生けて。窓からの光が「アトリエ ジュンコ」のテーブルクロスに木漏れ日のような陰影を描く。

ゆったりとした気分が伝わるためか、週末はクロベエも少し甘えん坊に。

フランス・リヨン郊外のレストラン「ポール・ボキューズ」で見つけたスープボウルは、蓋付きなので冷めにくく、肌寒い季節に愛用している。青木浩二さん作の鉢をカフェオレボウルに、とんぼ柄が刺繍されたゲストタオルをナプキン代わりに使った。

Shosetsu ―11月 小雪―

トレー&マットで
卓上を整える

私のテーブルセッティングの中で、たびたび登場するのがトレーやマット類です。手軽に取り入れられるのに、組み合わせ次第で色々な表情を作れるのでとても重宝するアイテムです。

　洋のテーブルセッティングで使用されるプレースプレートのように、折敷やトレーを銘々の席にセッティングすると、食卓が華やいで整った印象になります。選ぶ際には、多彩なコーディネートに対応することを考慮しています。幅広く使えるのは、木や籠編みといった自然の素材感を生かしたシンプルなデザインのもの。おもてなしにも日常使いにもと考えると、手掛かりがあるほうが使いやすいです。そして、収納がしやすいように、ぴたっと収まりよく重なるということも重要です。中でも、どんなリネンや器も受け止めてくれる万能選手として使っているのは、「嘉門工藝」の白木の丸盆。6枚揃えて折敷としても使用しています。「アトリエ ジュンコ」の角形トレーは軽くて扱いやすい一品。籠を編んだようなデザインは、アジアやアフリカンテイストばかりでなく、和洋のカジュアルコーディネートにも合います。そのほか、華やかなシルバーや、モダンな雰囲気のアクリルといった素材のトレーやマットも出番が多いアイテムです。

　プレースマットは長方形のものが一般的ですが、変形のものを使うとコーディネートの個性的なアクセントになります。お店で変形のものを見つけることもありますが、好みの生地から理想のサイズや形に仕立ててもらうことも。和食器に合う西陣織や、大柄のインテリアファブリックで、八角形のマットを誂えたこともありました。手芸が得意な方なら、ハンドメイドしてみるのもきっと楽しいことでしょう。誂えたり作ったりする際は、表裏で使えるように仕立てるといっそう長く愛用できる一枚になります。

プラスαで使いこなすシルバートレー

直線的なデザインの「クリストフル」のトレーは、銘々の席にセッティングしたり、盛り皿にしたりして活躍。銘々で使用する際は小さなマットを敷き、きらびやかになりすぎないように。盛り皿として使う場合はガラス器に重ねて反射する光の輝きを強調。プラスαで輝きをコントロールしてコーディネートに調和させる。

折敷のように銘々にセッティングするときには、顔がトレーに映り込んでしまうのが気にならないよう、「トミタ」で誂えた表裏の生地の色が異なるマットを敷く。

マットの下にグリーンを1〜2枚はさむと、涼やかな趣に。好みのサイズにカットしたアクリル板を使ってもよい。

アイディアを楽しむアクリルのマット

「ギャルリー田澤」のアクリルマットは、葉っぱやレースのハンカチなど、そのときのコーディネートに合わせて"透かして美しいもの"を下に入れたり、あえて柄を見せたいテーブルクロスの上に敷いたり、アイディア次第で色々と楽しめる。

透明なので、テーブルクロスの色柄を邪魔しない。クロスの汚れが防げるというのも利点。

変形プレースマットをアクセントに

テーブルクロスよりも手軽に取り入れられて重宝するプレースマット。中でも変形のものは、コーディネートの効果的なアクセントになる。少しの面積であっても、レースや柔らかな光沢といった布ならではのテクスチャーがテーブルに加わると、おもてなし感がアップする。

重厚な趣のゴールドの円形のマットは「アルマーニ/カーザ」製。

西陣織の老舗「細尾」にオーダーしたマットは、銀の輝きが晴れやかな雰囲気を作る八角形。

フィリピンの手工芸ピーニャの繊細な素材感が、アジアンスタイルに優美さを加える。

重ねづかいして新たな世界を表現

テーブルクロスとプレースマットを重ねて、新たな世界を表現することも。ブルーのテーブルクロスを池の水面に見立て、印象派風のプリントが施されたプレースマットをプラス。ロータスの形に畳んだ薄いコットンオーガンジーのナプキンを置けば、テーブルの上はさながら睡蓮が咲くモネの庭に。

Christmas —12月 クリスマス—

旅の思い出をよみがえらせる
クリスマス支度

Christmas

　12月に入ったらすぐにクリスマス支度を始めます。年末に向けて1年間お世話になった方々を自宅にお招きする機会も増えますし、お正月迎えがある日本では25日を過ぎたらクリスマスの飾りをすぐ片づけなくてはなりません。ですから、大好きなクリスマスデコレーションをたっぷり楽しむためにも早めに準備をします。

　クリスマスデコレーションの主役にしたのは、泰山木の葉で作られた直径53cmのリースです。古くから強い生命力の象徴とされる常緑樹である泰山木の葉は、時間がたって茶色くなってもパラパラと崩れることがありません。今シーズンは生き生きとした緑の葉を楽しみ、来シーズン以降はドライとして飾ることができます。堂々とした迫力を放つリースを窓辺に吊るすと、リビングのクリスマスムードが一気に盛り上がりました。

　クリスマスディナーのテーブルは、ガーデンで景色を眺めながら食事を楽しむイメージでコーディネートしています。クリスマス×ガーデンという組み合わせは、13年程前に旅先で見た景色に着想を得ました。シャトー巡りを目的にフランスのボルドーを訪れたときのこと。シャトーの庭の並木道を散歩しながらふと見上げてみると、大木の上の方にミスルトー（宿り木）がたくさん茂っており、その素敵な風景にとても心を揺さぶられました。あの日に見た景色をなぞって、ダイニングテーブルと窓辺の丸テーブルの2か所に、立ち並んでいるかのように大きなミスルトーをあしらいました。テーブルウェアもガーデンを連想させるデザインのものをセレクト。木々の間を小鳥が飛び交う柄のテーブルクロスに、森の中の風景が銅版画のようなタッチで描かれたプレートを並べます。頭の中で思い描いた世界を、自由に表現することこそコーディネートの真髄。マンションの一室の我が家を、フランス郊外都市の冬景色の雰囲気で満たしてみました。

泰山木の葉がぎっしり並んだ大型リースは、フラワーショップ「フウガ」にオーダーして作ってもらった。

Christmas

レモンリーフで手作りする玄関リース

エントランスから見えるドアに飾ったリースは、「フウガ」のフラワーデザイナー小林深雪さんから教わり、レモンリーフで手作りしたもの。エントランスや部屋の出入り口に飾ることを考え、直径約28cmの市販のリース土台を使用した。完成時の直径は、約33cmになる。乾燥しても崩れないので、来シーズン以降もドライで楽しめる。

【レモンリーフのリースの作り方】

① 葉の表から、半分に曲げた極細のフラワーワイヤーを突き刺すように通す。

② 葉柄にフラワーワイヤーを2〜3回巻きつける。このパーツを土台のサイズや好みの密度に合わせて必要な数作る。今回は約300枚の葉を使用。

③ ②のパーツを2枚重ねた上に、向きを変えてもう1枚のせる。

④ ③をワイヤーで土台にしっかり巻きつけて固定させる。土台全体が覆われるまで、これを繰り返す。

テーブルの中央にミスルトーを高く生けて、宿り木の下でディナーを楽しむ趣向に。透けるガラス花器なら、サイズが大きくても邪魔に感じない。

旅先の出会いから誕生した オリジナルナプキン

セッティングのアクセントになっているナプキンも、ボルドーの旅の思い出と繋がりがある。宿泊したシャトーでは、オーナーの「ボナペティ」という声でディナーが始まった。その温かな雰囲気を何かの形で表現したいと考えて、オリジナルナプキンをデザイン。エンベロープ形に畳むと「Bon appétit」の刺繍文字が現れる。全部で4色あり、「アクセル ジャパン」で取り扱っている。

【エンベロープ形ナプキンの畳み方】

① 裏面を表にして半分に折り上げる。

② 下辺を3等分したところで右を折る。

③ 同様に左側も折る。

④ 左の角を中央で開いて潰すように折る。アイロンで押さえる。

⑤ 上を手前に折り、④で作った四角の中に入れ込む。

だまし絵風に遊ぶプレースマット

テーブルクロスは「ジャン ポール ゴルチエ」のコットンシフォン生地から仕立てたもの。プレースマットの生地は「ピエール フレイ」製。グラスが並ぶ棚が何段も続く柄のカーテン生地を、棚1段ずつで断ち、柄ゆきに合わせて横長に作ってもらった。どちらも「トミタ」で生地を見つけてオーダー。重ねづかいして、だまし絵風の面白さを演出する。

洋食器と和食器を重ねづかい

クリーム色の陶器プレートはパリで見つけた「エルメス」のメゾン アンシャンテのもの。その上に、飴釉の和食器とガラス器を重ねて前菜を盛りつけた。色や質感が合っているので、洋食器と和食器を組み合わせても違和感がない。「アスティエ・ド・ヴィラット」のグラスに赤ワインを注いで。

普段は仕事用に使っているテーブルもおめかしを。クロスを掛けて、端にリボンをぐるりと両面テープで貼り付けてデコレート。「iwaki」の耐熱ガラスティーポットには、ホットワインが入っている。

DENにウェイティングスペースを設ける

到着したゲストが、ディナーが始まる前にくつろぐウェイティングスペースを、玄関のすぐ脇にあるDENに設けた。イメージしているのは、かつて訪れたフランスの田舎町ニュイ・サン・ジョルジュのワイン祭り。エスカルゴをその旅先で買った専用の器に用意して。

テーブルの上のガラスの花器に流木の枝を挿し、「アクセル ジャパン」で見つけたLEDライトオーナメントを絡めた。電池式なので電源を気にせず飾れるのが気に入っている。光を使った装飾が、クリスマスムードを高める。

Behind the Scenes
テーブルコーディネーターの舞台裏

　普段は雑誌や料理本、テーブルウェアブランドの店舗や展示会のコーディネートを通して皆さまに美しい暮らしをお伝えしていますが、2017年12月に催された市ヶ谷のカルチャー教室「セブンアカデミー」の1周年記念企画での講座は、同じく講師を務められた料理研究家の宮澤奈々さんとともに、培ってきた経験やノウハウを参加者の皆さまに直接お伝えする貴重な機会でした。

　料理研究家との撮影の仕事は数多くしてきましたが、コラボレーションでの公開レッスンは初めてのこと。企画が立ち上がった夏頃から準備を重ねました。まず、私から宮澤さんにセッティングのイメージを伝えて、使う器を写真を送って見ていただきます。宮澤さんは、そこからアミューズのメニューを考え、試作された料理を写真で返信。なんと、やりとりは100回以上。感性が共鳴し合ったことで、素晴らしいおもてなしテーブルが完成しました。

　講座ではクリスマスのテーブルセッティングのイメージの描き方に始まり、テーマカラーの決め方や、デコレーションの効果的な飾り方、セッティングの工夫などをレクチャー。我が家と同じように、メインテーブルと丸いサイドテーブルをセットにしておもてなし空間を作るアイディアも提案しました。

　このような仕事は準備にとても時間がかかり、また当日は引っ越しのごとく力仕事です。しかし、喜んでくださるお客さまのお顔を目にすると感動して、とても幸せな気持ちになれます。読者の方々と直接お話しできることが、私にとってもよい刺激となり、充実したひとときになりました。

食事に出かけるなど、プライベートでもお付き合いがある料理研究家の宮澤さん（左）。

217

Shop & Brand data

テーブルコーディネートや美しい暮らしに必要なものが揃う、私のお気に入りのショップやブランドをご紹介します。(50音順)
＊ショップ情報は2019年9月10日現在のものです。
＊本書掲載品は著者の私物であり、アイテムによっては廃番商品になっているものもあります。ご了承ください。

[特注家具]
アクシス
☎03-6225-2995
我が家のキッチンリノベーションの設計施工をしてくれた会社です。もともとは建築施工会社ですが、個人住宅の特注オーダー家具も定評があります。大理石素材を使用した空間づくりも得意としています。

[ハウスリネン／テーブルリネン／インテリア小物]
アクセル ジャパン
☎03-3382-1760
北欧、リトアニアのリネン類が特に充実。ベッドリネンからナプキンに至るまで揃っています。無地の麻のカラーバリエーションも豊富で、手頃な値段なのも嬉しい限りです。私のアイディアから誕生したナプキンやブレッドバスケットも扱っています。
※伊勢丹新宿店本館5階 ダイニングデコール内とリビングデコール内などに常設

[テーブルウェア／テーブルリネン]
アトリエ ジュンコ
☎0263-58-9516
百貨店やギャラリーを中心に展示販売会を開催。ヨーロッパを中心とした輸入テーブルウェアを扱っており、行くと必ず欲しいものに出会える素敵な品揃え。大人っぽくてエレガントなコーディネートを作りたいなら、ここへ行くと間違いありません。
※伊勢丹新宿店本館5階 ダイニングデコール内に常設店有

[ハウスリネン／インテリア小物]
イヴ ドローム
☎03-5643-6460
フランスの老舗ハウスリネンブランド。トータルにコーディネートできて、寝室を快適で美しくする上質なベッドリネンが見つかります。フランスから直輸入されたきれいで豊富なカラーのタオルも、長く愛用しているお気に入りです。
※伊勢丹新宿店本館5階などに常設店有

[テーブルウェア／インテリア小物]
ウェッジウッド
☎03-6380-8159
ボーンチャイナの品位のある乳白色が美しいイギリスの陶磁器ブランド。日本の工芸品や、漆や竹といったアイテムとも調和します。伝統的なデザインの絵柄を選ぶことが多いです。和やシノワズリ風に使うと、ひと味違うリュクスな雰囲気になります。

[テーブルウェア／テーブルリネン／インテリア小物]
H.P.DECO
東京都渋谷区神宮前5-2-11
☎03-3406-0313
ヴィンテージ感がお洒落な「アスティエ・ド・ヴィラット」、アートな刺繍が素敵な「コーラル＆タスク」など、世界各国から選りすぐった感性に響いてくる品に出会えます。ほんの少し遊び心を加えたい、そんな気分のときに行くブティックです。

[銀器／テーブルウェア]
エルキューイ・レイノー青山店
東京都港区北青山3-6-20 KFIビル2階
☎03-3797-0911
フランスの銀器ブランド「エルキューイ」の斬新なデザインのカトラリーやテーブル小物と、フランスのリモージュの名窯「レイノー」の遊び心溢れる絵柄の磁器を扱っているお店。テーブルコーディネート映えするアイテムが揃っています。

[家具／インテリア小物]

カッシーナ・イクスシー青山本店

東京都港区南青山2-12-14 ユニマット青山ビル1階、2階、3階

☎03-5474-9001

イタリアの高級家具ブランド「カッシーナ」製品をはじめ、デザイン性に優れたセレクトアイテムやオリジナル商品を扱っています。1階のインテリア小物も必見。個性的な花瓶やオブジェがさりげなく空間にちりばめられていて、飾り方の参考になります。

[家具／テーブルウェア／インテリア小物]

カルテル東京

東京都港区南青山3-15-7 Perch南青山

☎03-5411-7511

並んでいるのは、先端技術で作られる洗練されたデザインのプラスチック製品。グラスは触ってみるまでプラスチックとは思えない作り。アースカラーのメラミン食器も一見陶磁器のよう。テラスや庭でのシーンに最適なアイテムが見つかります。

[ハウスリネン／テーブルリネン]

ガルニエ・ティエボー

☎03-3946-3272（レ・パシフィック）

フランスの老舗リネンブランドです。家庭の洗濯機で洗えて、長く愛用できるジャカード織の高品質なテーブルクロスが見つかります。色のバリエーションも豊かで、ユニークな織り柄も魅力的です。高級レストランやホテルでも使用されています。

※銀座三越7階に常設

[テーブルウェア]

クラブ ヘレンド ジャパン本店

東京都港区南青山1-1-1新青山ビル東館1階

☎03-3475-0877

魅力的で格調高いコーディネートに使いたい高級ブランド。一枚だけでもゴージャスな存在感を放つプレートを、シンプルな別のアイテムと組み合わせて使うのが好きです。繊細な手描きの絵付けの完成度の高さは、思わず見入ってしまうほど。

[銀器／インテリア小物]

クリストフル青山本店

東京都港区北青山3-6-20 青山T&E

☎03-3499-5031

銀器はどんな食器とも合い、日常づかいしてこそ生きてきます。時間をかけて少しずつ揃えていくのも楽しみの一つ。これから先も買い足していけるという、歴史あるブランドだからこその安心感があります。品揃えも豊富で、欲しいものばかりです。

[テーブルウェア]

ジアン

☎03-5823-7511（明和セールス）

ときどきカラーコーディネートで悩むと、「ジアン」のお皿に描かれている色彩を眺めます。クラシック、モダン、無国籍、フランス風など、その多彩な表現はとても参考になります。硬質陶器のあたたかみのある質感も大好きです。

※日本橋三越本店ほか有名百貨店で取り扱い

[インテリア和紙／襖紙]

東京松屋ショールーム・ショップ

東京都台東区東上野6-1-3

☎03-3842-3785

元禄時代から続く江戸からかみの版元。貴重な手摺りの江戸からかみが手に入ります。襖サイズのパネル状サンプルが展示されており、オリジナルの屏風などを誂えることもできます。色とりどりの和紙やステーショナリーも扱っています。

[インテリアファブリック／壁紙／家具]

トミタ tomita TOKYO

東京都中央区京橋2-2-1 京橋エドグラン1階

☎03-3273-7500

私のコーディネートに欠かせない多彩な輸入ファブリックが揃っており、かれこれ20年以上のお付き合いになります。生地から仕立てるテーブルクロスやプレースマットもオーダー可能。輸入のため時間がかかる場合もありますが、1m単位で購入できます。

[木工芸品]
中川木工芸 比良工房
滋賀県大津市八屋戸419
☎077-592-2400
檜、高野槙、神代杉など上質な天然の和木を
材にした精緻な手仕事の技に、オーダーする
たびに感動を覚えます。伝統的でありながら
もセンスを感じさせるモダンな仕上がりの
品々は、和洋のミックススタイルコーディ
ネートのマストアイテムです。

[ハウスリネン／テーブルリネン]
ノエル
パリ16区にお店を構える老舗高級刺繍リネ
ンブランド。高価ではありますが、刺繍がさ
れたテーブルクロスの色彩は格別。一番小さ
なサイズの正方形をトップクロスにしていま
す。一枚広げるだけで、パリスタイルのコー
ディネートが作れます。

[テーブルウェア／テーブルリネン]
ハウス オブ ディオール ギンザ
東京都中央区銀座6-10-1 ギンザシックス
☎03-3569-1084（ディオール メゾン）
フランスを代表するクチュールメゾン「ディ
オール」のホームコレクション。リュクスな
テーブルコーディネートができるアイテムが
並んでいます。日本の伝統工芸とのコラボ
レーション商品も魅力的。ディスプレイのカ
ラーコーディネートも素敵です。

[テーブルウェア／インテリア小物]
バカラショップ 丸の内
東京都千代田区丸の内3-1-1国際ビルヂング
☎03-5223-8868
フランスの高級クリスタルブランド。テーブ
ルウェアをはじめ、装飾品や照明など、美し
い輝きで心を魅了する製品に出会えます。光
の陰影によって、我が家のリビングをエレガ
ントな空間に演出している小さなシャンデリ
アも、愛用品の一つ。

[木工芸品]
博古堂
神奈川県鎌倉市雪ノ下2-1-28
☎0467-22-2429
伝え継がれてきたかたちを大切にしながら、
新しいかたちを提案している明治33年創業
の鎌倉彫の老舗です。力強く洗練された彫刻
表現で類のない世界観を放ち、日常の中で大
切に愛用したいと思うような、現代の風を
纏ったモダンな器が見つかります。

[フラワーショップ]
バネバ
愛知県名古屋市千種区千種1-23-3
☎052-734-3105
花の中でも私が特に好きなランの花に力を入
れているフラワーショップ。さまざまな根付
きのランを扱っていて発送してもらえます。
ランを吊るして飾れるオリジナルのボタニカ
ルハンガーも愛用。ランは小型のもので約
4000円〜（税・送料別）が目安。

[フラワーショップ]
フウガ
東京都渋谷区神宮前3-7-5 青山MSビル
1階、B1階
☎03-5410-3707
私の暮らしに生花とグリーンは欠かせません。
仕入れの日にあたる月・水・金曜日の午後に
訪れると店内にとてもよい気が流れているの
を感じます。オーナーの小林深雪さんは親身
に相談に乗ってくれて、私の花の師匠といっ
ても過言ではありません。

[テーブルウェア]
ベルナルド
☎03-6427-3713
大人っぽい絵柄にフランスのセンス、エスプ
リを宿したリモージュの磁器ブランドです。
遊び心のあるデザインが多く、コーディネー
トに一つ加えることで、洗練された個性を感
じさせるテーブルになります。
※伊勢丹新宿店本館5階ほか複数百貨店にて
取り扱い

［テーブルウェア］
マイセン リーガロイヤルショップ
大阪府大阪市北区中之島5-3-68リーガロイヤルホテル1階
☎06-6449-0663
ヨーロッパで初めて硬質磁器を生み出したドイツの長い歴史を誇る窯。そのモダンでシンプルな雰囲気に、ここ最近惹かれています。和食器が並ぶテーブルに「マイセン」の磁器を加えるだけで、モダンジャポネスクな雰囲気になります。

［家具／ハウスリネン／インテリア小物］
リビング・モティーフ
東京都港区六本木5-17-1 AXISビルB1階、1階、2階
☎03-3587-2784
洗練されたセレクトが魅力のインテリアショップ。カジュアルリュクスな小物が揃います。店内ディスプレイもセンスに溢れており、2階では私的な掘り出し物を見つけることも。スタイリングの参考になるような洋書の品揃えも洒落ています。

［テーブルウェア］
ロイヤル コペンハーゲン 本店
千代田区有楽町1-12-1新有楽町ビル1階
☎03-3211-2888
初めて洋食器を揃えたときから愛用している、デンマークを代表する陶磁器ブランド。深みのあるブルーと、和食器の染付との相性は抜群。ときには朱や黒の漆器にも合わせています。近年発表されたモダンなデザインのシリーズも見逃せません。

［銀器／ハウスリネン／テーブルリネン／インテリア小物］
和光
東京都中央区銀座4-5-11
☎03-3562-2111
国内外の厳選されたアイテムが揃っています。特に本館地階の銀器コーナーがお気に入り。ほかにはないカトラリーや箸置き、キャンドル消しなど、小さな銀製の小物が並んでいます。プレゼントを探すときにも、よく訪れています。

Epilogue　あとがき

　今、私はこの本の原稿を森の中の別荘のテラスで読んでいます。実はこの別荘、両親から譲り受けたもの。しかし、この本のベースとなった『家庭画報.com』のウェブ連載で撮影をする前までは、利用する頻度も少ないので手放そうと考えていました。そんなある日、ライターの鈴木博美さんから「もしかして横瀬さん別荘をお持ちでないですか？」という質問が。特に別荘の話をした覚えがなかったので、私はとても驚きました。「あるにはあるけど……」と答えると、「昨夜、横瀬さんの別荘で撮影している夢を見たんです。もし、そうなったらきっといい写真が撮れそうな気がします」と博美さん。そんなお告げのような夢をきっかけに、ここでの撮影をすることになったのです。

　両親や家族との思い出がたくさん詰まった別荘での撮影は、印象深いものとなりました。久しぶりにテーブルに並べた母の形見の食器たちや、息子がくれた箸置きは、息を吹き返し喜んでいるかのように見えました。実を言えば、その箸置きは私が駆け出しの頃、息子が学童保育のバザーで買って帰ってきてくれたもの。手のひらにのせると、初めての息子からのプレゼントに涙がこぼれた当時の嬉しかった気持ちがよみがえります。たかが"もの"、されど"もの"とでも申しましょうか。"もの"でストーリーを紡ぐコーディネートの楽しさをあらためて感じるとともに、仕事を始めて30年余りの間たくさんの人に支えられてきたさまざまな記憶が鮮やかに思い起こされました。

「『家庭画報.com』で、テーブルコーディネートやインテリアスタイリングのウェブ連載をしませんか。そして、一冊の本にまとめましょう」というお話があったのは、2017年の夏。当初は毎週の連載なんて私にできるのだろうかと不安にもなりました。しかしこれまで考えてきた、美しく暮らす楽しさを提案させていただける絶好のチャンスだと考え思い切ってチャレンジすることに。連載の途中、アイディアが浮かばずに悩んだこともあります。そん

なときには、ウェブ連載をともに作ってきたチームの皆さんが考えてくだ
さったヒントが、新たな扉を開く鍵となりました。

　スタイリングの意図を的確に汲み、多彩な表現で撮影してくださったカメ
ラマンの鈴木一彦さん。見事な絵作りに、ワンカットごとに感動を覚えてい
ました。前述の鈴木博美さんは、私のつたない言葉を拾い文章にまとめあげ
てくれました。この企画を立ち上げ、トータルコーディネートしていただい
た編集者の小林 舞さんのお陰で、この素晴らしい機会に恵まれたと感じてい
ます。そして、アシスタントとして私を支えてくれる梶井明美さん、濱 敏江
さん、梶岡由佳さんは、いつも心強い存在です。1年間にわたったこのチーム
での撮影は、毎回ワクワクして本当に楽しく幸せな時間でした。書籍化にあ
たり、本としての命を吹き込んでくださったたデザイナーの小野寺健介さん、
細やかに校正してくださった天川佳代子さんにも御礼申し上げます。最高の
チームワークの力で、1年間のウェブ連載をとても素敵な一冊にまとめること
ができました。

　最後に、30年以上にわたり、テーブルコーディネーター、インテリアスタ
イリストとしてお世話になった皆さまに深く感謝いたします。

2019年9月

横瀬　多美保

横瀬多美保（よこせ・たみほ）

東京都生まれ。合同会社デコールLLC代表。聖心女子大学教育学科卒業。日本におけるテーブルコーディネーターの第一人者である故クニエダヤスエ氏に師事。テーブルコーディネーター、インテリアスタイリストとして『家庭画報』をはじめとする女性誌や料理本で活躍。百貨店やショールームのディスプレイ、商品開発などにも携わっている。卓上に留まらずインテリア空間も含めたコーディネートを得意とし、新旧、和洋を自在に織り交ぜた、洗練されたエレガントな世界観にファンが多い。流行や時代の変化をしなやかに受け止めながら、幸福感漂う美しい暮らしを提案し続けている。

本書は、ウェブサイト『家庭画報.com』連載「インテリアスタイリスト 横瀬多美保の『カジュアル・リュクス』に暮らす」の記事全48回（2017年9月26日から2018年9月18日まで）を基に、再構成したものです。

撮影　鈴木一彦

デザイン　小野寺健介（odder or mate）

校正　天川佳代子

編集・文　鈴木博美

編集　小林 舞（世界文化社）

発行日　2019年10月15日　初版第1刷発行
　　　　2020年 7 月10日　　　第2刷発行

著者　横瀬多美保
発行者　秋山和輝
発行　株式会社世界文化社
　　　　〒102-8187
　　　　東京都千代田区九段北4-2-29
　　　　電話　03（3262）5470（編集部）
　　　　　　　　03（3262）5115（販売部）
印刷・製本　中央精版印刷株式会社
DTP制作　株式会社明昌堂
©Yokose Tamiho, 2019. Printed in Japan
ISBN 978-4-418-19424-7

無断転写・複写を禁じます。定価はカバーに表示してあります。
落丁・乱丁のある場合はお取り替えいたします。